Coordenação editorial
MAURÍCIO SITA

Coletânea Literare

© LITERARE BOOKS INTERNATIONAL LTDA, 2021.

Todos os direitos desta edição são reservados à Literare Books International Ltda.

PRESIDENTE
Maurício Sita

VICE-PRESIDENTE
Alessandra Ksenhuck

DIRETORA EXECUTIVA
Julyana Rosa

DIRETORA DE PROJETOS
Gleide Santos

RELACIONAMENTO COM O CLIENTE
Claudia Pires

EDITOR
Enrico Giglio de Oliveira

PREPARADOR
Sérgio Ricardo

REVISORA
Ana Mendes

CAPA
Gabriel Uchima

DESIGNER EDITORIAL
Victor Prado

IMPRESSÃO
Gráfica Paym

Dados Internacionais de Catalogação na Publicação (CIP)
(eDOC BRASIL, Belo Horizonte/MG)

C694   Coletânea Literare: memórias, histórias e estratégias capazes de revolucionar vidas / Coordenador Maurício Sita. – São Paulo, SP: Literare Books International, 2021.
136 p. : il. ; 14 x 21 cm

Inclui bibliografia
ISBN 978-65-5922-117-2

1. Autorrealização. 2. Superação. 3. Técnicas de autoajuda. I.Sita, Maurício.
CDD 158.1

Elaborado por Maurício Amormino Júnior – CRB6/2422

LITERARE BOOKS INTERNATIONAL LTDA.
Rua Antônio Augusto Covello, 472
Vila Mariana — São Paulo, SP. CEP 01550-060
+55 11 2659-0968 | www.literarebooks.com.br
contato@literarebooks.com.br

SUMÁRIO

5   ACREDITE, BUSQUE E REVOLUCIONE SUA VIDA
Ana Gabriela Menezes

13   ÀS VEZES A GENTE QUER MUITO UMA COISA E ENTÃO ACHA QUE VAI QUERER A VIDA TODA
Cilene Maria Cavalcanti

17   *STORYTELLING* DAS INFLUÊNCIAS DAS RELAÇÕES MATERNAIS PARA O DESENVOLVIMENTO DE PESSOAS
Edmir Kuazaqui

27   ATITUDES ESSENCIAIS DE UMA NOVA LIDERANÇA
Elisa Próspero

37   AUTOGESTÃO: CONSTRUA SEU CAMINHO
Fabiana Nogueira

45   OS SONHOS E CONQUISTAS DE FRANCISCO DE ASSIS
Francisco de Assis das Neves Mendes

53   DE PROTAGONISTA DE TV À AUTORA DA MINHA HISTÓRIA REAL
Gabriela Durlo

63   VIAGENS QUE TRANSFORMAM VIDAS
Joelma Tavares

69   O CAMINHO DO MEIO
Jucilene Santos

77   CONTAR E ESCUTAR HISTÓRIAS:
A IMPORTÂNCIA PARA MELHORAR
E VALORIZAR A MEMÓRIA DAS PESSOAS IDOSAS
Judith Borba

85   O *GIRL POWER* NO EMPREENDEDORISMO BRASILEIRO
Larissa Estela Berehulka Balan Leal

93   A HISTÓRIA DO *COACHING* APLICADO À INFÂNCIA
Marcia Belmiro

101   RELEMBRANDO MOMENTOS DE CONVIVÊNCIA
E APRENDENDO A EXERCITAR A EMPATIA
Maria Helena Lobão

109   VIVENDO SUA ESSÊNCIA
Nadia Zadorojuoi

117   MAPEAMENTO COMPORTAMENTAL:
IMPORTÂNCIA NO MUNDO CORPORATIVO
Rafael Zandoná

125   O COMBATE AO ESTRESSE
Teresa Cristina Muniz Queiroz

1

ACREDITE, BUSQUE E REVOLUCIONE SUA VIDA

Quanto permitimos que os acontecimentos diários nos tirem do nosso foco? Somos resultado do que vivemos e construímos ao longo de nossas vidas. A decisão do que fazer com cada momento e cada desafio que enfrentamos é apenas nossa! Escolhi aprender com as minhas falhas e acertos e vou compartilhar com vocês algumas estratégias que utilizo até hoje.

ANA GABRIELA MENEZES

Ana Gabriela Menezes

Enfermeira graduada pelo Centro Universitário São Camilo (2010), com pós-graduação em Auditoria dos Serviços de Saúde pela Universidade Cruzeiro do Sul e MBA em Gestão Empresarial pela BBS Business School. Certificada em Hipnose Clínica pelo Instituto Brasileiro de Formação em Hipnose, *master practitioner* em Programação Neurolinguística e Autoliderança - AGP certificada pelo Instituto Ideah. Gerente da área de sinistro da Care Plus Bupa, docente no Senac nas áreas de recurso de glosas e faturamento. Membro da equipe de treinamentos de alto impacto do Instituto Ideah. Seu diferencial é ser apaixonada pelo desenvolvimento humano por meio do autoconhecimento.

Contatos
agabrielam@ig.com.br
LinkedIn: Ana Gabriela Menezes

Quem teve a oportunidade de me conhecer por mais tempo sabe o quanto mudei e evoluí ao longo da minha vida, seja profissional ou pessoalmente. Quando criança, era uma menina tímida, que vivia debaixo da saia da mãe, com medo e vergonha de tudo. Não falava com estranhos e dificilmente ficava longe de meus pais. Fui criada com muito amor e com pais muito presentes, apesar da falta de entendimento entre os dois. Cresci achando que essa questão estava muito bem resolvida para mim, e só descobri poucos meses atrás que ainda havia coisas em meu inconsciente que precisavam ser trabalhadas, mas enfim... descobri que perdão é algo que precisamos oferecer também a nós mesmos.

Tive minha mãe presente em casa integralmente por bons anos da minha vida, enquanto meu pai trabalhava duro para sustentar a casa. Meus pais se separaram quando eu tinha entre sete e oito anos. Este foi um período em que amadureci muito, pois minha mãe precisou trabalhar e passei a ficar em casa sozinha. Via meu pai praticamente todos os dias e adorava! Então, não senti, pelo menos achei que não sentia, tanto a ausência dele.

Além de muita responsabilidade, adquiri muito conhecimento e independência, o que contribuiu para o meu rápido desenvolvimento posteriormente. Hoje, percebo que amadureci muito cedo, sou grata pelos aprendizados que tive naquela época, porém, sei que a ausência de algumas "coisas de criança" me fez levar a vida sempre muito a sério, algo que ainda tenho de me policiar diariamente, confesso!

Levar a vida a sério é preciso para conquistarmos objetivos, porém, despertarmos nossa criança livre em determinados momentos, mesmo quando adultos, nos permitindo brincar, sorrir, andar descalços, dançar na chuva, enfim, sendo crianças por alguns momentos, alimenta nossa alma. Afinal, ela é parte de nós, parte essa que muitas vezes esquecemos de cuidar. É a parte de nós que é alegre, sonhadora, livre, leve, sem medo, nossa mais pura essência.

Se para você é difícil permitir-se, comece com uma tarefa bem simples: pegue uma foto sua de infância e busque um local bem tranquilo. Olhe fixamente nos olhos dessa criança, perceba seu sorriso, seu olhar, essa alegria, essa espontaneidade... pois é, tudo isso é seu, e o melhor de tudo é que isso não se apaga, está aí dentro de você, basta resgatarmos! Comece a se perguntar, o que você gostava de fazer quando criança? O que fazia você rir até a barriga doer? Quem eram seus heróis favoritos? Quais eram seus sonhos? O que você queria ser quando crescesse? Por meio dessas respostas, você entrará em contato com sua criança, poderá começar a refletir e se reconectar com sua essência. O que essa criança diria para você hoje? Entregue-se, permita-se e perceberá o quão fantástico e transformador é se reconectar com sua infância. Perceberá que, aos poucos, esse processo ficará mais fácil e prazeroso!

Minha rotina, quando criança, era acordar cedo, ir para a escola e voltar para casa. Na maioria dos dias, meu pai me buscava na porta da escola para almoçar comigo e passar umas horinhas juntos. Depois que ele ia embora, estudava, ajudava nos afazeres de casa, até que minha mãe chegava do trabalho. Então, jantávamos, íamos dormir e assim um novo dia se iniciava.

Sempre gostei muito de estudar e procurava tirar boas notas, pois queria que meus pais se sentissem orgulhosos! Depois de um tempo, descobri que tinha uma crença muito forte relacionada a isso e que, hoje, após me conhecer e identificá-la, consegui torná-la muito fortalecedora para mim... olha só como os pais moldam os filhos e muitas vezes nem sabem.

Meu pai era transplantado renal e, quando eu tinha 14 anos, ficou muito doente e veio a falecer. No início, sofri por sua ausência, mas hoje percebo que não tinha muita noção de tudo o que tinha mudado em minha vida. Sofri um choque de realidade muito forte, afinal, éramos muito próximos, e por mais estranho que isso possa parecer, ele sempre me preparou para sua morte, eu que nunca me dei conta, ou nunca quis me dar conta... realmente, nosso corpo tenta nos proteger da dor a todo momento!

O pai costuma ser a referência da menina, o herói. Por mais defeitos e erros cometidos, assim como qualquer ser humano, nossa referência e nossa admiração originam-se de onde mais acreditamos. Nossos pais são nossa base de conhecimentos e crenças que levamos para a vida toda, mesmo se, conscientemente, tentarmos negar. O elo emocional é tão forte que, para as crianças, a única e mais pura verdade é a dita pelos pais, eles são as maiores autoridades que elas conhecem.

A superação ao falecimento de meu pai veio após muitos anos de autoconhecimento, terapias e descobertas. Quanto mais descobrimos e enxergamos sob a ótica do outro, mais fácil fica entender o motivo de certas atitudes e o tamanho do sentimento que há por trás de tudo.

Quantas vezes nos deixamos tomar conta por um sentimento de raiva ou mágoa porque alguém fez algo que não gostamos e levamos isso por muitos anos da nossa vida? Mas você sabia o quão maravilhoso e libertador é descobrir que diversas atitudes, muitas vezes, principalmente de nossos pais, são simplesmente para nos proteger, são realmente atitudes de muito amor? Experimente colocar-se por alguns instantes no lugar do outro e realmente sentir e pensar da forma como o outro pensa. Você descobrirá uma ferramenta poderosa para trabalhar não só a empatia, mas também o perdão.

Enfim, já era adolescente e queria construir minha vida... ser independente! Mas como? Minha mãe continuava dando o melhor dela e, agora, éramos apenas nós! Louca para começar a trabalhar, fiz um curso de manicure e um pequeno estágio em um salão de cabeleireiro perto de onde morava. Comecei a atender algumas clientes, em casa mesmo, para ganhar algum dinheiro. Nessa época, passei a valorizar meus talentos e percebi que, se me dedicasse a algo que eu quisesse e com muito treino, poderia me aperfeiçoar e me tornaria melhor.

Algum tempo depois, finalizei o ensino médio e, com muito esforço, consegui uma bolsa integral para cursar enfermagem em uma das melhores escolas particulares de saúde de São Paulo. Mais uma vez, sabia que meu esforço e minha dedicação teriam de ser grandes, pois não poderia perder de forma alguma aquela oportunidade.

Passaram-se quatro anos de muito estudo, histórias, lembranças e amizades, algumas que duram até hoje inclusive! Esse período de formação, realmente, foi o fechamento do meu ciclo de adolescente e início da fase adulta. Assim como qualquer outra pessoa na faixa dos 18 anos, gostava de sair à noite, acordar tarde e só estudar. Aproveitei, realmente, para dedicar meu tempo às atividades que tanto gostava de fazer (dançar, nadar, estudar, sair com os amigos).

Aos poucos, me vi ganhando mais e mais responsabilidade e realmente migrando para a fase adulta, afinal, já precisava acordar cedo para trabalhar, sair do trabalho, ir para a faculdade e, muitas vezes, chegar tarde em casa e ainda fazer algum trabalho da faculdade ou estudar para alguma prova. Quantas vezes jantava em frente ao computador ou em meio a tantos livros abertos. Acho que foi nessa fase que perdi a noção do que é estar presente 100% no momento das refeições. Só eu não sabia como isso faria falta em meu futuro.

Que época fantástica foi essa! Refletindo hoje, além de todas as técnicas e cuidados de enfermagem que aprendi, tive a oportunidade de enxergar o ser humano de uma forma tão única, que hoje sei que a sementinha de amor ao próximo e empatia foi plantada nessa fase da minha vida.

Acompanhar do nascimento à morte me possibilitou obter uma visão ampla do que realmente é humanização e o que realmente é o cuidado integral e holístico. Quando adoecemos, em geral, é o momento em que ficamos mais fragilizados, em outras palavras, é o período em que precisamos de mais atenção e carinho. Por qual motivo, então, será que muitos abandonam ou se afastam dos seres humanos quando estão nessas fases da vida que mais precisam de cuidados? Essa é uma pergunta que me faço até hoje e para a qual, infelizmente, ainda não encontrei respostas.

Após a conclusão da graduação, tive a oportunidade de ser contratada em um hospital de ponta em São Paulo e, assim, aprender muito como enfermeira auditora. Tive, a meu lado, profissionais fantásticos que me ensinaram muito, inclusive foi o local no qual desenvolvi a base administrativa de toda a minha carreira profissional. Esse emprego foi um divisor de águas em minha vida nos aspectos profissional e pessoal, inclusive, foi lá que conheci meu marido.

Mesmo sem tanta experiência, fui adquirindo a confiança de meus líderes, o que me ajudou a crescer e a iniciar o desenvolvimento de uma visão mais estratégica. Conforme o tempo ia passando, fui aproveitando as oportunidades que a vida foi me dando, ou seja, por mais que determinadas atividades não fizessem parte do meu escopo, gostava de aprender e de fazer parte de determinadas discussões. Foi assim que fui colocada em alguns projetos, inclusive, mesmo com menos de um ano de contratação, fui a enfermeira escolhida para ser o apoio em um projeto, no período noturno, responsável por um grupo de analistas.

Aos poucos, fui conquistando meu espaço e descobrindo a cada dia uma nova forma de enxergar uma mesma situação. Com isso, fui criando meus próprios padrões e referências. Meu maior aprendizado foi que, independentemente do perfil do seu líder, você pode sempre utilizá-lo como espelho, seja para desenvolver habilidades como as que ele tem, seja para tratar seus liderados de uma forma completamente diferente.

Após alguns anos, recebi o desafio de coordenar uma área corporativa de uma das maiores redes brasileiras de hospitais. Esse foi um desafio incrível e maravilhoso, no qual tive, ao meu lado, profissionais que me desenvolveram como líder. Tornar-me líder permitiu-me enxergar as pessoas de uma maneira diferente da minha profissão, pois pude conhecer um pouco do ser humano e criar habilidades para lidar com os estados de aprendizagem, defesa, ego, ambição e colaboração. Foi exatamente assim que percebi que o que realmente me motivava era imaginar o que eu poderia deixar como marca na vida daquelas pessoas. Minha inspiração era saber qual a diferença que eu poderia fazer no mundo por meio delas.

O ponto principal de toda essa trajetória foi me permitir, a cada dia, olhar cada falha como um resultado e, a partir daí, encarar qual mudança deveria ser realizada para que um resultado melhor e satisfatório fosse alcançado.

Essa fase foi permeada por um grande processo de autoconhecimento – repleto de treinamentos de alto impacto, cursos, terapias, leituras – que perdura até hoje.

Percebo que cada fase e cada pessoa que passou em minha vida foi essencial para que eu pudesse chegar onde estou. Hoje, apesar de ainda ter muitos sonhos e projetos, sinto-me realizada em minha vida profissional e em minha vida pessoal. Os objetivos que tracei, como, um dia, ser gerente de uma grande empresa, o casamento, ter um lar e uma família, entre outros, foram alcançados, inclusive, com a pouca idade, que muitos dizem que tenho. Enfim, me orgulho muito disso!

O que tenho a dizer é que o futuro reserva ainda mais desafios, pois com eles me torno, a cada dia, uma pessoa melhor. Além disso, algo que não cessará é minha jornada de autoconhecimento, pois garanto a vocês que esta é uma jornada incrível e que nos leva a lugares que sequer podemos imaginar!

Analisando esses acontecimentos da minha vida, percebo que a persistência e o olhar positivo para as situações sempre me fizeram acreditar em dias melhores diante das dificuldades. Cresci acreditando que alcançaria tudo o que eu me dispusesse a ir atrás e me esforçasse e, até hoje, tive muitas e muitas provas de que somos o que acreditamos! Vivo com a missão de deixar um legado na vida das pessoas e isso é o que me motiva a buscar autoconhecimento e a desenvolver o outro.

2

ÀS VEZES A GENTE QUER MUITO UMA COISA E ENTÃO ACHA QUE VAI QUERER A VIDA TODA

O texto relata o caminho trilhado por uma menina na realização seus desejos mais íntimos... Construímos as histórias da nossa vida de acordo com as oportunidades que temos e, também, com os demais objetivos que traçamos; basta nos dedicarmos para alcançá-los.

CILENE MARIA CAVALCANTI

Cilene Maria Cavalcanti

Graduada em Pedagogia (Bacharelado e Licenciatura Plena) pela Universidade do Estado do Rio de Janeiro (2006). Psicanalista Clínica e mestre em Teorias Psicanalíticas pela Escola de Psicanálise do Rio de Janeiro (2015). Atua como orientadora educacional no município de Queimados-RJ e como coordenadora pedagógica no município de Nova Iguaçu-RJ. Apresentou a oficina "O uso do gibi na formação de leitores", no Fórum de Queimados, em 2006. Possui dois projetos publicados no Portal do MEC (Edições 86 e 96, de 2013). Palestrante: "Saúde Emocional" e "Educação". Foi palestrante na Feira Literária da Baixada, em 2017. Lançou o livro *Lygia Bojunga e suas histórias: um caminho para o autoconhecimento e desenvolvimento cognitivo* nas edições 2017 e 2019 Bienal Internacional do Livro do Rio de Janeiro. Premiada pela AALIBB com a Medalha Alma de Poeta. Membro da Academia de Artes e Letras Internacional da Baixada Fluminense e Brasil - AALIBB. Participação nas edições coletivas: *Veias da Baixada*; *As Telas e Elas*; *Alma de Poeta*; *Clarice para sempre - Centenário de Clarice Lispector*; e também *Relatos da Quarentena*; *A Bolsa Amarela Guarda*; *Autismo um olhar por inteiro*; e o mais recente lançamento, a antologia *Vida de escritor*.

Contatos
cilenefenix@gmail.com
Facebook: @cilene.cavalcanti.18 / @LygiaBojungaeSuasHistorias
Instagram: @psicanalistacicavalcanti

No livro *A Bolsa Amarela*, a autora Lygia Bojunga apresenta fatos do nosso cotidiano a partir de uma revelação. Trata-se do conflito vivido por uma menina, consigo e com a própria família, ao ser reprimida em três grandes vontades. Seu nome é Raquel. A estrutura familiar da jovem é opressora, na qual "criança não tem vontade", e a pequena, sensível e imaginativa, nos conta o seu dia a dia. Uma mistura da vida real com o mundo criado em sua imaginação. Esta vida, idealizada por ela, é preenchida por secretos amigos e fantasias, além das suas vontades. Tudo é guardado numa bolsa amarela, de segunda mão, que a pequena Raquel ganhou de sua tia Brunilda, que não a queria mais.

Entrelaçando o real e o imaginário, a menina vai contrapondo as pessoas da família – pais, irmãos, tios, primos – aos seres que vai inventando, e que vão adquirindo vida própria. Ela cria alguns romances nos quais os personagens passam por aventuras, retratam seus desejos e sonhos. Ela dá vida humana a objetos e a animais. Como exemplo, há o galo Afonso, "o Terrível"; um guarda-chuva mulher; um alfinete de fralda, e outros mais.

A fantasia, o sonho, a imaginação de Raquel acabam por ajudá-la a desmistificar a realidade e os preconceitos, aproximando-a das verdades. Tudo ocorre ao mesmo tempo em que a menina vive uma aventura interna, que a leva a se descobrir e a se afirmar como pessoa. A consagrada escritora Lygia Bojunga revela, neste seu livro, como construiu o seu gosto pela leitura. Em uma de suas falas, relata: "Eu tinha 7 anos quando ganhei de presente o livro de Monteiro Lobato chamado *Reinações de Narizinho*. Um livro grosso assim. Só de olhar para ele me senti exausta. Dei um dos muito obrigada mais sem convicção da minha vida, sumi com o livro num canto do armário e voltei pras minhas histórias em quadrinhos. Mas, quando li, fiquei deslumbrada! Reli não sei quantas vezes; me entreguei por completo àquele caso de amor literário...".

Essa revelação faz-nos concluir que a criança é um ser capaz de construir seu próprio conhecimento. No período do desenvolvimento ela é capaz de aprender de acordo com a própria maturação da idade. Vimos que uma criança, no caso Lygia Bojunga, de sete anos, sentiu o interesse pela leitura apenas quando lhe causou prazer. Constata-se também a sintonia na interação da criança com o mundo, pois ela constrói sua história em harmonia com as relações estabelecidas entre pensamento e linguagem. Tudo isto ocorre aliado à questão cultural, presente no processo de desenvolvimento do ser humano. A menina pensava que não gostava de ler, mas a partir do momento em que descobriu uma *nova* forma prazerosa da leitura, o seu interesse foi crescendo.

Nós, pais, mães ou responsáveis, devemos estimular o gosto pela leitura e incentivar sonhos em nossas crianças. Para que, assim, tornem-se futuros críticos de sua própria existência. Além de proporcionar a eles a construção do autoconhecimento.

Destaca-se, ainda, em *A bolsa amarela*, o lúdico. Sempre presente nos livros de Lygia, neste, em especial, encontramos um perfeito equilíbrio entre a liberdade do imaginário e as restrições do real.

É mais uma bela narrativa no notável estilo de Lygia Bojunga. O texto permeia o realismo do cotidiano e a fantasia inventiva da menina. Seu enfoque é a dura realidade dos problemas de sobrevivência na cidade grande, mas dá espaço ao sonho e à esperança que devem acompanhar o ser humano para tornar a jornada leve e confiante. Mais do que um clássico da literatura infantojuvenil brasileira, *A bolsa amarela* revela-se como uma bela metáfora do grande ideal que todo ser humano deve perseguir em sua luta pela vida. Ainda que transpareça o contexto de exploração do trabalho do menor, o que predomina é o lirismo, a fantasia e a confiança na capacidade de encontrar soluções criativas, que transformem a dura realidade. Brilhos da menina que se tornou uma grande escritora.

Referências

CAVALCANTI, Cilene Maria. *Lygia Bojunga e suas histórias: um caminho para o autoconhecimento e desenvolvimento cognitivo*. 1. ed. Niterói(RJ): Parthenon Centro de Arte e Cultura, 2017.

CAVALCANTI, Cilene Maria. *Lygia Bojunga e suas histórias: um caminho para o autoconhecimento e desenvolvimento cognitivo*. 2. ed. Niterói(RJ): Parthenon Centro de Arte e Cultura, 2019.

NUNES, Lygia Bojunga. *A bolsa amarela*. 30. ed. Rio de Janeiro: Editora Agir, 1976.

NUNES, Lygia Bojunga. *A bolsa amarela*; ilustrações Marie. 36. ed. Louise Nery. 36. ed., 1a reimpr. Rio de Janeiro: Casa Lygia Bojunga, 2019.

3

STORYTELLING DAS INFLUÊNCIAS DAS RELAÇÕES MATERNAIS PARA O DESENVOLVIMENTO DE PESSOAS

Procura-se, com este capítulo, provocar os leitores a respeito da importância da família e, principalmente, da presença materna para a formação e o desenvolvimento de pessoas devidamente preparadas para atuar na sociedade e contribuir de forma mais significativa por meio de suas decisões e ações. Usa-se como referência Yoshie Kameoka Kuazaqui, cujos ensinamentos enquanto figura materna do autor foram de grande importância para sua formação pessoal, acadêmica, profissional e social.

EDMIR KUAZAQUI

Edmir Kuazaqui

Doutor e mestre em Administração. Consultor presidente da Academia de Talentos (consultoria e treinamentos). Coordenador do Grupo de Excelência em Relações Internacionais e Comércio Exterior do CRA/SP. Profissional de carreira em empresas multinacionais. Coordenador dos MBAs em Administração Geral, Pedagogia Empresarial: Formação de Consultores, Marketing Internacional e Formação de Traders, Compras, Comunicação e Jornalismo Digital, Gestão de Pessoas na era digital, Start Ups: Marketing e Negócios da Universidade Paulista (Unip). Professor da ESPM. Professor de cursos de pós-graduação em instituições brasileiras. Autor de livros, destacando *Gestão de marketing 4.0: casos, modelos e ferramentas*, *Marketing para ambientes disruptivos* (Literare), *Relações internacionais - desafios e oportunidades de negócios do Brasil* (Literare), *Administração por competências* e *Marketing cinematográfico e de games*. Palestrante com ampla vivência em mercados internacionais.

Contatos
ww.academiadetalentos.com.br
ekuazaqui@uol.com.br
11 99154-2435

Sou profissional de Marketing e Administração, consultor de empresas e professor universitário de coração. Imaginei, ao redigir este capítulo, escrever e discutir práticas de marketing, ambientes digitais, disruptivos, exponenciais e inovadores. Desde 1999, escrevi inúmeros livros sobre assuntos empresariais, dos quais já perdi a conta – ah, me esqueci de um artigo na faculdade onde estudei na graduação, que abordava o Cadastro e a Concessão de Créditos, além de um livro de poesias, "Mágicas Perdidas: E seus olhos a brilhar", e uma coletânea com outros autores.

Decidi, então, escrever sobre outro tema, motivado pela experiência que tive em 2008, ocasião dos 10 anos do falecimento de minha mãe, Yoshie Kameoka Kuazaqui. Muito se fala sobre a importância da família, da educação dos filhos e seu lugar na sociedade. Ao mesmo tempo, aprendemos em Marketing que existem variáveis macroambientais, nas quais a família está inserida como parte de variáveis sociais. Em teoria, o entendimento dessas variáveis serve para que as empresas possam modelar as suas estratégias. Contudo, na minha opinião, há uma questão mais fundamental: tais variáveis servem para criar e influenciar o perfil de pessoas e consumidores.

Dessa forma, ao invés de desenvolver um texto sobre o que estou acostumado a escrever ou que vocês estejam acostumados a ler, resolvi mudar o foco e inserir neste capítulo uma homenagem à minha mãe, contextualizando-a com a formação de indivíduos que, de certa forma, iniciaram e moldaram todo o processo que me levou a ser o que sou **hoje**.

A família é a base de tudo: é o início, meio e deve ser o fim de um processo contributivo, bem como o início de outra jornada por meio de seus descendentes. Por meio do indivíduo, a empresa irá obter um profissional com uma formação mais equilibrada. Muitas publicações enaltecem a importância da proatividade do indivíduo, bem como as estratégias motivacionais das empresas frente aos seus colaboradores internos, sendo sempre o "**eu**" ou mesmo o "nós" empresarial. O foco, aqui analisado, está na importância da família, aqui representada pelos nossos pais e respectivos vínculos de relacionamento. A presença e as influências maternas são tão importantes que, uma semana depois do falecimento da minha mãe, lembro de ter sonhado com ela e, nesse mesmo dia, meu pai e minha irmã também relataram a mesma experiência. Considerei curioso e, ao mesmo tempo, emocionante, pois tive a impressão de que ela nos tinha visitado em sonhos.

Fonte: Kuazaqui, Kuazaqui (2008, p. 76).

Na foto no Museu do Ipiranga (1955), minha mãe, Yoshie Kameoka Kuazaqui, meu pai, Iorucika Kuazaqui, e o primeiro de quatro filhos, Edson Toshiassu Kuazaqui (foto a seguir), infelizmente todos já falecidos. A família hoje é composta por Edmur Teruyashu Kuazaqui, Edna Kuazaqui e seus descendentes – além de mim, naturalmente.

Fonte: arquivo pessoal.

O Edson tinha um grande dom: o da arte. Abraçou o desenho por vários anos, trabalhando com um parente e depois como decorador de grandes redes varejistas. Seu maior hobby era a música... Meu pai, de Presidente Prudente, foi proprietário de uma fábrica de brinquedos de plástico injetável no bairro do Sacomã.

Uma das muitas fortes recordações da minha infância está relacionada ao *storytelling*. Eram histórias (com "h", mesmo) contadas principalmente pela minha mãe, retratando a sua infância na cidade de Registro e os desdobramentos familiares que a conduziram a uma vida talvez não muito feliz, permeada pela perda prematura de seu pai, por dificuldades financeiras e pelas próprias limitações da região e das pessoas que habitavam na área rural nos anos de 1931-1950, num país subdesenvolvido e com as deficiências que incorrem até os dias de hoje.

Entretanto, pretendo olhar e recordar sob outra ótica: humana e, principalmente, galgada nos principais ensinamentos de meus pais e que perduram até os dias de hoje. Não tenho como elencar qual ensinamento foi o mais importante, mas escrevo e tento traduzir em palavras os benefícios até agora presentes, com muito sentimento e principalmente reconhecimento e agradecimento. Vamos lá com dois acrósticos: **amor** e **respeito**.

Amor: foi com a minha mãe que aprendi, nas suas posturas, atitudes e práticas, sobre o que é, na realidade, o termo. Amor ao próximo, à sua família e aos animais. Muitas foram as ocasiões nas quais alguém, com menor responsabilidade individual e familiar, teria procurado outra vida. Agradeço que ela não tenha procurado, porém fico triste por ela não ter tido outros desdobramentos mais felizes em sua vida.

Maternal: as mães são a base da família e da sociedade. Embora o pai seja importante, minha mãe foi a força motriz que desenvolveu a minha vida e formas de ser, pensar e agir. Mãe na essência da palavra e não somente no sentido formal dela! Senti e ainda sinto muito a sua ausência, me restando relembrar com carinho cada fato.

Onisciência: considero que ela tinha um amplo conhecimento de vida, por vezes infinito, em decorrência de toda a sua trajetória, dentro de sua forma de olhar o mundo. Sabedoria – talvez seja melhor esse termo – que nem todos têm ou querem ter. Presença em todos os momentos de dúvidas e decisões, a partir de suas reflexões e ações.

Respeito: focado nos valores morais, personalizados e únicos da minha mãe. Tenho muito respeito por ela e percebi que ela também respeitava a todos. Embora muitas vezes possuísse divergências e opiniões diferentes de alguns parentes e vizinhos, sempre teve uma postura adequada e respeitosa. Modelo de ser humano.

E

Referência: como pessoa e, principalmente, como mãe e símbolo de figura humana. É impressionante o modo como, ao refletir antes de tomar algumas decisões, acabo pensando em qual seria a opinião dela a respeito da questão. Sei que algumas pessoas talvez não tenham essa característica – que pode ser traduzida como confiança e respeito genuínos – e apenas baseiem suas atitudes em obediência hierárquica, sem proatividade.

Experiência: traduzida por questões culturais e situacionais que foram conduzindo a sua vida e, em nenhum momento, com um sentimento negativo: muito pelo contrário, sempre no sentido de construir, colaborar, contribuir e desenvolver. Uma simples palavra e/ou opinião já representava muito.

Solidariedade: recordo que um dia ela chamou um homem para recolher materiais que poderiam ser reciclados e este veio com a sua filha, novinha. Lembro-me perfeitamente da expressão de minha mãe ao vê-la, bem como a quantidade de brinquedos que ela doou para a garotinha. As feições de ambas me marcaram até hoje. Uma das palavras que lembro que ela repetia era "*nogare go*". Não é objetivo das pessoas fazer o bem para ter um retorno, mas sim ter uma mentalidade de que sempre é preciso ser prestativo e praticar o bem, de modo que coisas ruins sejam afastadas. Assim, minha mãe nunca negou um prato de comida para quem precisava.

Persistência: cada dia é um dia e a cada momento construímos algo. Devemos pensar no hoje, pois amanhã será consequência natural do que pudemos realizar no presente. E caminhar sempre para a frente, superando obstáculos e desafios, quaisquer que sejam.

Elegância: mesmo vivendo de maneira modesta, a elegância de sua postura era impressionante. A foto comprova a sua aura positiva e sua elegância externa e, principalmente, interna.

Integridade: não lembro, sinceramente, de nenhum momento em que as decisões de minha mãe tenham fugido às exigências morais ou que ela tenha agido sem antes pensar no bem coletivo.

Trabalho: sempre trabalhou persistentemente na montagem de bonecas em casa, pois o meu pai trabalhava na Beija Flor e depois na Piloto, duas fábricas de brinquedos. Depois, já proprietária da Três Reis, ela trabalhava embalando e plastificando os brinquedos.

Obsequiência: sempre esteve disponível para ajudar e prestar valores quando necessário. Trata-se de uma qualidade importante para quem se presta, até em excesso, a ajudar os outros.

Muitas vezes, a mão e a orientação materna foram fundamentais para que eu e meus irmãos continuássemos com os projetos pessoais e profissionais. Lembro-me de um dia, por provocação, ter perguntado para a minha mãe o que faríamos se morássemos todos juntos e ficássemos sem recursos para aluguel e alimentação. Ela respondeu de pronto: "Nós nos viraríamos!"

Em outra ocasião, quando cogitei interromper meu mestrado por dificuldades financeiras, ela insistiu que eu deveria me "virar" e continuar os meus estudos. Hoje, muitas das minhas atividades são decorrentes da minha titulação de doutoramento. Bastante focado e engajado em minha carreira profissional, escutava – com algumas reservas – suas observações, mas na época não me pareciam tão relevantes, pois o meu foco era profissional e material. No entanto, com o passar do tempo, comecei a reconhecer o valor e o sentido de tudo o que ela falava. Um dos aspectos importantes diz respeito ao conceito de felicidade. Anos atrás, na minha visão de mundo, a prioridade era ter cada vez mais desenvolvimento profissional e, como consequência, o abono financeiro e material. Embora esses dois objetivos ainda estejam em desenvolvimento e evolução na minha família, reconheço que a presença dos meus pais, meu irmão e os felinos – que não se encontram mais aqui – já me proporcionaria a felicidade plena.

Infelizmente, começamos a dar valor à presença dos que amamos apenas depois que eles já se foram. Temos sempre a ideia de que nada irá acontecer e de que as coisas serão eternas. Outra observação da minha mãe era que devemos nos focar no hoje, praticar boas ações e deixar as coisas fluírem. Faz todo o sentido! O futuro é decorrente de nossas ações presentes e que são consequências diretas do nosso passado.

Não pretendo fazer comparações, porém minha mãe representa um modelo de ser humano que não vejo mais de forma tão frequente. Percebo que muitos valores humanos estão hierarquizados de forma contrária, preconizando muito o individual e sempre na posição de vítima. Por exemplo, ao tentar encontrar razões para tomar determinadas decisões, como a separação familiar, não se pensa no macro, no conjunto, no cônjuge e nos filhos. Em síntese, de repente acaba-se o amor, com "a" minúsculo mesmo. Igualmente, no âmbito profissional, por vezes não temos a mesma reciprocidade concedida por outros. Entendo e, mais uma vez, sou grato pelos sacrifícios e perseverança de minha mãe para acompanhar e aconselhar positivamente seus filhos.

Sob o ponto de vista científico, fico na dúvida de quais variáveis estou tratando – familiar, comportamental, social, psicológica... No entanto, por que tentar categorizar? Numa empresa, há milhões de conceitos e teorias que tentam conduzir às boas práticas de gestão em uma caixinha. Contudo, por vezes duvido se tais conceitos possam realmente trazer os objetivos e benefícios sociais necessários que justifiquem os resultados econômicos e financeiros. Um bom exemplo disso é a necessidade de se ter uma área que permeie o *compliance* na empresa. Atuar de forma ética já não faz parte de qualquer negócio? Estendendo para além das paredes da empresa, por quais razões existem normas e leis, como a obrigatoriedade da reserva de um banco para pessoas idosas, gestantes e com restrições físicas em transportes públicos? Não deveria ser uma obrigação social, humana e de educação para todos aqueles que necessitam?

Como provocação positiva, por quais razões os profissionais de empresas de RH não utilizam dados e informações familiares de seus candidatos, além das métricas e indicadores convencionais? Pode-se criar diferentes exercícios e dinâmicas que pretendem identificar, de forma disfarçada, o perfil humano resultante das experiências e relacionamentos familiares. Como recomendação, pode-se utilizar o acróstico AMOR & RESPEITO como forma de realizar a análise, ou aquelas que a empresa julgar necessárias. Sei que muitos comentam que as empresas devem ser mais humanas, mas em casos emergenciais pensam apenas sob o ponto de vista econômico. Comento em aulas e treinamentos que as empresas sofrem de anorexia empresarial, pois valorizam mais os ativos materiais do que os humanos.

Percebo que entre os diferentes modismos que surgem na área empresarial e que, em suma, servem para vender consultorias, falta essencialmente um modelo de responsabilidade similar àquela adotada na hierarquia familiar. Uma mãe, por exemplo, é a principal responsável pela geração de uma vida e, depois do nascimento, pela alimentação, proteção, sensação de segurança, ensinamentos, incentivos aos primeiros momentos no andar, educação até os relacionamentos sociais e afetivos. Pelo elogiar e pelo repreender, mas sempre com os objetivos maiores de formação e inserção social. Os pais eram referências que os filhos seguiam, pelos quais tinham respeito pelos comentários, observações e aconselhamentos. As atividades escolares e profissionais são desdobramentos dessa evolução. Uma das maiores contribuições maternas é a formação e o desenvolvimento de caráter e idoneidade. Caráter este que será o principal diferencial pessoal e a idoneidade, um importante capital humano, pois cada um a terá dentro de suas experiências.

Gratidão por tudo!!!

Referência

KUAZAQUI, Edmir; KUAZAQUI, Edna. *Sol nascente: um relato foto-geográfico-histórico da imigração japonesa.* São Paulo: Marco Zero, 2008.

4

ATITUDES ESSENCIAIS DE UMA NOVA LIDERANÇA

Uma nova liderança está emergindo, mergulhando em seu próprio coração, reencontrando e reconectando o pensamento, o sentimento, a intuição e a ação, de tal forma que as ciências da atenção ganham cada vez mais espaço nos ambientes corporativos. Esse é o líder sistêmico, que por meio de uma base humanista, integra corpo, mente e essência.

ELISA PRÓSPERO

Elisa Próspero

Psicóloga, consultora, *coach* executiva, docente e escritora de temas de relações humanas, liderança e *coaching*, neurociências e meditação. Pós-graduada em RH e Administração pela FGV, com especialização em Psicologia Social, Educação Biocêntrica, Meditação e Práticas Contemplativas, Constelações Sistêmicas, Programas Comportamentais com abordagens sistêmicas, psicodramáticas e psicoterapêuticas. Atualmente, conduz o Programa de Formação e Habilitação em Liderança e Coaching Sistêmico pelo Instituto Próspero. É membro do LiNC (Laboratório Interdisciplinar de Neurociências Clínicas) da Unifesp e membro do GEC/CRA – Grupo de Excelência em *Coaching*. Participa de Grupos de Estudos na ABRH-SP e SBPA-SP - Sociedade Brasileira de Psicologia Analítica. Voluntária em relaxamento e meditação pela Fundação Lama Gangchen para a Cultura de Paz. Conta com mais de 30 anos de experiência como executiva em RH, com ênfase em desenvolvimento organizacional, consultoria e docência em grandes empresas e universidades no Brasil.

Contatos
www.institutoprospero.com.br
eprospero@terra.com.br
Instagram: @elisarosaprospero
11 99622-7157

A experiência iluminadora maior é ser capaz de relacionar acontecimentos da própria vida – tanto os positivos como os negativos – com as forças internas que os criaram. Ela nos conduz para casa, para o cerne unitivo em nós mesmos, para a nossa identidade criadora e verdadeira.

Eva Pierrakos

Uma das principais responsabilidades das lideranças atuais é o desenvolvimento de pessoas por meio da *Liderança Coaching*, a qual oferece o suporte necessário para o desenvolvimento de competências pessoais e profissionais. Além disso, o *coaching* auxilia na estruturação de equipes, a fim de que elas trabalhem cada vez mais engajadas e motivadas para o alcance de objetivos e metas pessoais, coletivos e organizacionais. Assim, o modo como os *coaches* conduzem a gestão dos indivíduos pode contribuir para a construção de ambientes mais saudáveis emocionalmente.

No entanto, quais são as atitudes essenciais que potencializam esse papel e que fornecem o vínculo entre valores pessoais e organizacionais, essência e missão, paixão e profissão?

É notório o aumento dos transtornos mentais no ambiente corporativo, como ansiedade, depressão, pânico e *Burnout* – e essa realidade pode ser minimizada com a gestão das emoções.

A proposta deste artigo é refletir como as atitudes essenciais de uma nova liderança – um líder sistêmico – que atue em genuína parceria com suas equipes podem contribuir para um ambiente corporativo mais saudável emocionalmente. São elas: autoconhecimento, assertividade, autenticidade, empatia, equilíbrio emocional, gratidão e paixão pelo que faz.

Iniciando pela parceria e a cooperação como cenário

A palavra parcial, do latim *partialis*, significa "divisível", "partes de algo". As palavras "parceiro" e "parceria" derivam daí: um parceiro "faz parte" das intenções de outra pessoa.

Tudo começa na arte do encontro. Encontro consigo mesmo, com o outro, com a comunidade, com o trabalho, com o meio ambiente. Podemos compreender a parceria como a união de duas ou mais partes com o objetivo de favorecer a realização de projetos comuns. Um exemplo disso é o cliente que busca apoio para a realização de seus propósitos, do líder e suas equipes, dos colegas e suas áreas de interface. Em todos os casos, as pessoas dispõem das rédeas de seu destino comum no momento presente. Estamos falando de destinos que convergem – não apenas de um objetivo em si e por si.

Na verdadeira parceria, existe um colorido além dos objetivos de caráter imediatista. Há um colorido de projeto existencial, no qual uma postura é seguida de uma ação de alto significado existencial para as partes envolvidas, não só em curto prazo, mas também em médio e longo prazos, uma vez que tudo se inter-relaciona e a interdependência é característica de nossa existência.

Portanto, elegemos algumas características inerentes a essa parceria. A responsabilidade dessa nova liderança é levar os indivíduos a um patamar de responsabilidade tal que suas competências de transição e de futuro devem estar em pauta e sendo trabalhadas continuamente. São estas as características da parceria:

1. O compromisso mútuo de união de esforços para chegar a lugares de maior qualidade e excelência.
2. A integração e a sinergia permanentes entre as partes, durante o processo.
3. A transparência na comunicação para a clareza de propósito e acompanhamento das realizações.
4. A qualidade de uma relação eu-tu, em detrimento da relação eu-isto, na qual a preponderância é de valorização e respeito mútuos. A potencialização e o enriquecimento das partes priorizam o alcance dos resultados.

Com a clareza do papel da parceria, a nova liderança pode expandir em primeiro plano a consciência do caminho por meio de uma participação madura e responsável junto de sua equipe. A consciência do papel em parceria é um primeiro passo para essa jornada na arte do encontro com o outro, favorecendo as inteligências múltiplas e, entre elas, a expressão da inteligência emocional.

Segue um depoimento que mostra a importância do papel em parceria – nesse caso, em um processo de *Coaching* – e o que é possível alavancar junto às equipes de trabalho quando o vínculo afetivo é estabelecido:

...É um ciclo contínuo de crescimento onde avaliamos como estamos, onde queremos estar, o que precisamos para chegar lá e todo o contexto no qual estamos situados. Percebo a completude desse processo pela vivência que tive. Não pensei ser tão agregador, achei que seria mais um trabalho de identificar pontos fortes e a desenvolver, traçar planos e depois acompanhá-los. Porém, não é isso! É mais profundo e toca nos recônditos da alma. Foi muito proveitoso e recomendo a todos com este desejo de se conhecer e crescer como indivíduo. (Executivo de RH)

Ora, tocar a alma de si mesmo é uma experiência que a nova liderança, integrada às dimensões do pensar-sentir-agir, alimenta por meio do autoconhecimento, que por sua vez desafia e aprimora naturalmente a sua abertura para a mudança, a assertividade nos contextos cotidianos e a flexibilidade diante da adversidade.

Conhecer as necessidades do cliente e de suas equipes, ter clareza do seu estilo de atuação, competência na aplicação de estratégias de gestão, além de ser comprometido com os resultados e o alcance do grupo que acompanha são aspectos que fazem parte do processo de aprimoramento da liderança. O líder – assim como seu cliente e equipes – continua edificando seu desenvolvimento com o aparecimento de novos propósitos ao longo de seu percurso. Da mesma forma, reviravoltas do cotidiano podem jogá-lo num emaranhado, às vezes pessoal, familiar, social ou profissional, pois o curso natural da vida envolve também os reveses – tornando a vida uma sucessão de desafios e conquistas.

Clientes e equipes vêm e vão: mudam, transformam-se e alimentam a rede necessária ao desenvolvimento de um líder sistêmico, que percebe as conexões presentes em todas as relações humanas.

O caminho da consciência – potencializando atitudes de uma liderança sistêmica

O Universo é a harmonia dos contrários.

Pitágoras

No caminho para a potencialização das atitudes de assertividade, autoconhecimento, autenticidade, empatia, equilíbrio emocional, gratidão e paixão pelo que se faz, refletimos as atitudes essenciais desse líder sistêmico:

- Autoconhecimento: atitude alinhada ao fortalecimento de qualidades e superação de limitações com perseverança e sabedoria.
- Autenticidade: atitude que revela a integração entre o pensar-sentir-agir.
- Assertividade: expressa no gesto e na comunicação do que dizer, como, quando e para quem, com firmeza e correção.
- Empatia: propicia a escuta ativa e atenta do outro, bem como a compreensão do referencial do outro.
- Equilíbrio emocional: garante a solidez do vínculo das relações interpessoais, por meio da inteligência emocional.
- Gratidão: atitude de reconhecimento pelo poder de transformação que o outro propicia em nossas vidas.
- Paixão pelo que faz: relacionada ao prazer e realização em estar junto às pessoas e poder contribuir com seu desenvolvimento.

Exercitando a análise do papel – um percurso existencial

Senhor, fazei-me instrumento de vossa paz. Onde houver ódio, que eu leve o amor; onde houver ofensa, que eu leve o perdão; onde houver discórdia, que eu leve a união; onde houver dúvida, que eu leve a fé; onde houver erro, que eu leve a verdade; onde houver desespero, que eu leve a esperança; onde houver tristeza, que eu leve a alegria; onde houver trevas, que eu leve a luz. Ó Mestre, fazei que eu procure mais consolar, que ser consolado; compreender, que ser compreendido; amar, que ser amado. Pois é dando que se recebe, é perdoando que se é perdoado, e é morrendo que se vive para a vida eterna. (Oração de São Francisco de Assis)

A oração de São Francisco de Assis, em caráter universal, analisada pelo médico Alírio de Cerqueira Filho, em seu livro *A sublime oração de Francisco de Assis*, propõe um convite a uma trilha de autodomínio e autotransformação para o fortalecimento do ser.

"Fazei-me um instrumento de vossa paz"

É essencial que o novo líder esteja em uma busca continuada de autoconhecimento e equilíbrio emocional, por meio da serenidade e autoconfiança quando tem a chance de exercitar a paciência consigo mesmo. Lembrando, num trocadilho, que a paciência pode ser compreendida como a "ciência da paz".

Para tanto, são necessários leituras e estudos para reciclagem e atualização contínuas, programas de imersão e desenvolvimento pessoal – sejam treinamentos, processos de *Coaching*, psicoterapias ou práticas holísticas. É importante também manter o *networking* atualizado, realizar trocas com outros profissionais e grupos de estudo e formação para que o líder esteja em condições de oferecer o seu melhor no instante em que a equipe o procura. O ideal é que ele já tenha experimentado o processo de deparar-se com desafios, estabelecer propósitos e alcançá-los, ciente das interferências e limitações possíveis – e mesmo assim garantindo a serenidade e autoconfiança pertinentes ao processo.

"Fazei que eu procure mais consolar, que ser consolado; compreender, que ser compreendido; amar, que ser amado"

Em uma perspectiva de maior consciência, a disponibilidade e a abertura são características importantes de um líder. O aprimoramento das competências de assertividade, autenticidade e empatia tornam a liderança mais compreensiva, auxiliando os processos de orientação, avaliação, *mentoring* e *coaching*. Saber ouvir, falar o essencial, perguntar o que é importante, compreender sem julgamento e expressar cuidado e gentileza fazem parte do conjunto que integra essas competências.

"Pois é dando que se recebe, é perdoando que se é perdoado e é morrendo que se vive para a vida eterna"

Finalmente, o convite para a consolidação da autonomia, por meio da paixão pelo que faz e a gratidão. O convite aqui é para uma leitura mais humanista e existencial. A passagem no rio, de uma margem à outra, assemelha-se à passagem de um pensamento a outro, de um estado de consciência a outro. A passagem de um modo de vida a um outro. O que é nos propiciado por novos olhares. Morremos para o dia que passou e nascemos a cada novo dia. Assim como os processos de *mentoring* e *coaching*, que nos ajudam em uma passagem ou transição. É necessário o desprendimento para reaprender a aprender e a gostar de novas possibilidades, assim como a gratidão por lições e aprendizados. Lições que suscitam o caráter passageiro da existência, a impermanência das situações, das coisas da vida e da vida em si. O líder sistêmico favorece essa consciência da transitoriedade, mergulhando muitas vezes na memória de nossos medos, dúvidas e incertezas, turbulências esquecidas – mas que, de alguma forma, consolidam crenças limitantes que nos paralisam. A liderança oferece o convite para que possamos retomar nossa jornada a partir do lugar de onde paramos. Aliado a isso, adquirir a autonomia que permite a escolha da travessia com paixão, coragem e gratidão, porque é possível compreender o que de fato é importante. Balizamos ao final a importância do propósito e os riscos da travessia como fatores críticos de sucesso ao nosso empreendimento de mudar e transformar – caminhar de uma margem à outra do rio, de um lugar a outro. Desse modo, a oração de Francisco de Assis oferece uma analogia significativa com o processo de desenvolvimento das atitudes essenciais para a nova liderança, de acordo com o que segue:

- a importância de olhar para si mesmo com a clareza do caminho, por meio da expressão das atitudes de autoconhecimento e equilíbrio;
a disciplina em agir com atenção, cuidado e compreensão com as características de autenticidade, empatia e assertividade;
- o despojamento em reconhecer o valor do outro, vivenciando a paixão pelo que faz e a gratidão pela experiência compartilhada.

Reflexão final – aprimorando parcerias na liderança sistêmica

O processo de conscientização é um processo cultural e, através do processo cultural, somos fortemente separados de um mundo originalmente   repleto de sentido e sentimento. Desenvolvi-me de modo unilateral nessa direção, isto é, na direção científica, o que naturalmente foi vantajoso para mim. Em termos humanos, entretanto, foi uma desvantagem. Custou-me a perda da minha humanidade. (JUNG, 2014, p. 20)

Na perspectiva para o desenvolvimento da atitude em parceria com essa nova liderança, sugerimos algumas questões que podem apoiar uma autorreflexão para o seu aprimoramento:

1. Acredito realmente no papel em parceria do líder sistêmico, que integra razão-emoção-ação? Em uma travessia conjunta e humanista, onde as pessoas envolvidas se desenvolvem e transformam suas realidades?
2. Como tem sido a qualidade de vínculo das relações que tenho vivenciado com minhas equipes? Excelente, boa ou regular? Como posso aprimorá-las?
3. Os propósitos e processos têm sido concluídos com êxito? Sinto-me realizado e motivado no desdobramento do trabalho junto às pessoas com quem convivo?
4. Como tenho reagido aos *feedbacks* que recebo? Seja por avaliações escritas ou verbais, em processos formais ou informais.
5. Se tenho necessidade, busco naturalmente minha rede de troca com outros profissionais da área, estimulando aprendizado e novas descobertas?
6. Que outras ações posso e quero realizar para fortalecer ainda mais as competências de assertividade, autenticidade, autoconhecimento, equilíbrio emocional, empatia, gratidão e paixão pelo que faço?
7. Tenho me permitido entrar em contato com o mestre interior, que nutre intuição, intimidade e desejo de evoluir e potencializar a expressão da essência do ser?
8. Quanto ao sentimento de gratidão, tenho encontrado tempo para vivenciá-lo e expressá-lo?

Referência

JUNG, C. *Sobre sentimentos e a sombra*. Ed.Vozes, 2014.

5

AUTOGESTÃO: CONSTRUA SEU CAMINHO

A autogestão é uma habilidade cada vez mais importante na vida de qualquer indivíduo, principalmente no cenário atual, em que temos tantos compromissos. Por meio de uma autogestão mais eficiente, somos capazes de gerir de maneira mais equilibrada a nossa vida pessoal e profissional. Neste capítulo você terá acesso aos três passos fundamentais que o auxiliarão na sua jornada do autodesenvolvimento.

FABIANA NOGUEIRA

Fabiana Nogueira

Mestre em Gestão da Educação pela Universidade Fernando Pessoa – Portugal. *Professional and self coach*. Analista comportamental CIS Assessment. Mentora e palestrante sobre temas como liderança, o impacto da comunicação nas relações interpessoais e o comportamento nas organizações. Especializando-se em Neurociência e Comportamento pela PUC-RS.

Contatos
fabiananogueira.mentoria@gmail.com
Instagram: @fabiana.snogueira
21 98357-6160

Há muitos anos trabalhando em empresas, confesso que o maior desafio que desde muito cedo enfrentei era separar a minha vida pessoal da profissional. Quem nunca ouviu de um líder que os problemas particulares deveriam permanecer da porta da empresa para fora? Por muito tempo, acreditei que isso fosse possível e até que esse era o segredo dos profissionais de sucesso.

Aos 16 anos, eu já trabalhava em uma agência dos Correios e estava para concluir o ensino médio noturno. Nessa época, por volta de 1992, sequer tinha ouvido o termo "IE – Inteligência Emocional". A única certeza que tinha era a de que uma boa formação e um bom currículo seriam o diferencial para o mercado de trabalho. Segui esse roteiro por décadas. Conclui o ensino médio, fiz uma graduação e vários outros cursos para perceber, anos mais tarde, que não era o bastante. Ainda me faltava algo fundamental: a autogestão pessoal. Eu não conseguia gerenciar minha própria vida.

Chegar a essa conclusão não foi simples. Por muito tempo, sofri com o meu temperamento. Tinha dificuldades para lidar com pessoas lentas. Não tinha paciência para processos longos. Tentei mudar, porém sem êxito. Não fazia a mínima ideia de como fazê-lo, pois eu não tinha as competências fundamentais para dar início ao meu processo de mudança. Aprender a gerir suas emoções é algo extremamente relevante para o seu sucesso profissional e o da sua organização, independentemente da sua área de atuação. Aprender a autogestão pessoal é o ponto inicial da jornada de desenvolvimento que impactará a sua vida em todos os aspectos.

Tudo o que compartilho aqui foi uma jornada experimentada. Portanto, ressalto que é de extrema importância compreender que uma jornada de crescimento não se dá da mesma forma para todas as pessoas, cada indivíduo tem seu contexto, suas dores e desafios. Dessa forma, eu construí o passo a passo, que ensino por meio de mentoria, treinamentos e, mais recentemente, um curso on-line de autogestão, em que estruturei uma jornada para quem deseja alcançar o equilíbrio de uma vida mais disciplinada, organizada, produtiva e próspera sem que, para isso, tenha de abrir mão de estar presente na família. Alcançar o sucesso no âmbito profissional não significa viver estressado, sentindo-se estagnado e com a sensação constante de que, por mais que você trabalhe, não consegue se sentir realizado – culminando em insatisfação e infelicidade.

No início da minha jornada, o que mais me afligia era ter de "dar conta" de tudo. Sempre fui uma pessoa que valoriza o conhecimento. Então, nunca fiquei sem estudar. Fiz uma graduação em Letras depois de casada. Durante a faculdade, eu engravidei. De onde eu morava até a universidade, eram quase 40 quilômetros. Pensa no trânsito do Rio de Janeiro! Tinha de sair muito cedo para estar na aula às 7 horas da manhã. Nesse período, eu ainda prestava serviços para uma empresa e tinha a oportunidade de fazer meu trabalho em casa.

Quando minha filha nasceu, voltei para o escritório no centro do RJ e consegui mudar o turno da graduação em letras para o período noturno. Quase todos os dias, via minha filha apenas à noite, quando ela já estava dormindo e tinha pouco tempo para curtir e acompanhar o crescimento dela. Minha vida permaneceu assim por pelo menos quatro anos. Somente quando tive uma crise de ansiedade e fui parar no hospital, tive a noção do quanto estava desestabilizada emocionalmente. Tive problemas alérgicos na pele, problemas respiratórios e vivia uma vida completamente disfuncional. A rotina de trabalho era muito exaustiva. Minha função era de encarregada administrativa – porém, na prática, eu atendia onze canteiros de obra e 500 funcionários, situação que se agrava ainda mais ao considerar a alta rotatividade de colaboradores, que é normal na área de saneamento e construção civil. O tempo que eu perdia no trânsito era outro fator desgastante, consequentemente dormia pouco e, ao invés de usar os finais de semana para o lazer, ainda cuidava da casa, organizava a rotina para a semana seguinte e ainda ministrava aulas de redação em um curso preparatório para vestibulares e concursos militares.

Chegou o momento em que precisei sair do trabalho, pois algo tirava o meu sono e a minha paz: a possibilidade de perda do vínculo afetivo com minha filha. Ela ficava muito na companhia da avó, minha mãe, e eu percebia que ela estava se distanciando afetivamente de mim. Tomar a decisão de sair do emprego não fora algo fácil. Eu não conseguia me ver dentro de casa, na rotina doméstica. Além disso, o orçamento ficaria muito mais "apertado", porém foi a melhor decisão que tomei. Chorei inúmeras vezes, me sentia um peixe fora d'água dentro da minha própria casa. Fui buscar ajuda na leitura. Um livro que me ajudou muito a ressignificar esse momento foi *"Uma mulher segundo o coração de Deus"*, de Elizabeth George. Pude aprender com ela que estar em casa, cuidando do meu lar e da minha família, não me diminuía.

Antes desse processo, ficar em casa fazia com que eu me sentisse improdutiva. Eu não compreendia os valores de uma mulher que opta pelo lar, por cuidar dos filhos. Na realidade, eu me sentia mesmo a própria Mulher-Maravilha, achava-me autossuficiente e queria enfrentar tudo. Não aceitava a possibilidade de falhar. Muitas coisas aprendi com Elizabeth George, mas ainda não o suficiente para me encontrar.

Dois anos depois, voltei ao trabalho – abri uma empresa para prestar serviços, na qual continuo até hoje atuando como prestadora de serviços. Em 2013, abri mais 2 empresas, um salão de cabeleireiro e uma autoescola. Não me pergunte a relação entre ambos os negócios. Como sempre amei desafios, não tinha medo algum de empreender, simplesmente agarrava ou criava oportunidades para ficar em movimento. Fiquei apenas 1 ano e meio com o salão e o vendi e, em 2015, optei também por vender a autoescola.

O motivo? Minha segunda filha havia nascido em 2012 e eu estava novamente me comportando do mesmo modo. Com certeza, não havia aprendido a lição fundamental. Quando passamos por algum problema, precisamos tirar todo o aprendizado possível desse momento, pois se ele retornar em algum outro momento da vida, significa que não aprendemos a lição. Portanto, o mesmo desafio retornará quantas vezes forem necessárias para aprendermos com ele. Isso se aplica como regra para qualquer área da nossa vida. Seja pessoal, financeira ou afetiva.

Lá estava eu precisando abrir mão de algo, pois mais uma vez a vida queria me provar que precisamos alinhar os nossos valores para aquilo que temos de mais importante na vida. Sempre avalie dessa forma: o que é mais importante para você? O que é inegociável? Muitas vezes não temos essa noção, pois vivemos no modo automático e não paramos para refletir sobre como estamos vivendo os nossos dias. Parece que estamos numa corrida, desenfreados e sem saber para onde vamos com toda essa pressa.

Não sei como está a sua vida, mas se você está lendo este capítulo, quero lhe pedir para fazer uma reflexão e avaliar com muita sinceridade se você é quem está com o controle da sua vida nas mãos ou entregou-o aos outros? Esse é o momento crucial: tomar consciência da nossa realidade. Compreender o que estamos fazendo com a nossa vida e aonde queremos chegar. Se estivermos satisfeitos com tudo, provavelmente não teremos motivação para grandes mudanças. É a insatisfação que nos move.

Tire um momento consigo mesmo e faça o seguinte exercício: tente reescrever toda a sua história de vida. Inicialmente, parece enfadonho, mas posso te garantir, tenho relatos de inúmeras experiências. Será recompensador e emocionante, mesmo que a sua jornada tenha sido extremamente árdua. Toda boa história é cheia de grandes desafios.

A partir desse relato reconstruído, tente fazer o segundo exercício. Passe tudo para o papel ou grave áudios se for melhor para você. A terceira etapa é analisar a sua retrospectiva e, para isso, divida uma folha em um quadrante. No primeiro, superior esquerdo, escreva todas as mudanças positivas que você teve nessa jornada. No segundo, superior direito, toda a aprendizagem que te foi gerada por essas mudanças positivas. Abaixo, à esquerda, todas as mudanças negativas e, à direita, tudo o que aprendeu com elas. Essa atividade te fará observar como você lida com a mudança. E em todas as circunstâncias, sejam positivas ou negativas, tiramos lições que formataram o nosso caráter e nos tornaram quem somos hoje.

Se não estamos ainda onde gostaríamos, é porque precisamos aprender o que nos levará até o próximo destino. Portanto, o que mais se aplicou à minha realidade foi seguir um passo a passo estruturado e desenvolver as habilidades necessárias para o meu processo de mudança, que me trouxe mais equilíbrio mental e uma melhor compreensão dos meus valores. Da mesma forma, a clareza de que eu sou responsável pelas minhas escolhas. Pensando, portanto, na autorresponsabilidade como um fator fundamental de compreensão de todo processo de desenvolvimento, sugiro que crie suas próprias estratégias, levando em consideração seu estado atual, sua realidade de vida. O objetivo aqui é iniciar uma jornada, abrindo mão dos julgamentos, sendo grato pela pessoa que você é e pela sua história. Seja paciente consigo mesmo e viva um dia de cada vez. Toda mudança significativa começou algum dia pelo primeiro passo. Nessa jornada, a constância é mais importante do que a velocidade, afinal, cada um tem o seu ritmo. Quando sentir vontade de desistir ou voltar atrás, lembre-se de tudo que já superou e aprendeu com as adversidades. Olhe para aquele exercício anterior que fez e reveja toda a sua trajetória. A sua motivação vem de dentro. É o motivo que você tem para prosseguir.

Em seguida, apresento-lhe três passos fundamentais para desenvolver a sua autogestão a fim de que você tenha mais equilíbrio na sua vida pessoal e profissional.

Busque o autoconhecimento

Conhecer a própria essência e reconhecer nossas fraquezas é o primeiro passo. Por meio do autoconhecimento, tomamos consciência dos nossos pontos fortes e podemos potencializar o que temos de melhor e valorizarmos nossas qualidades, abrindo mão do perfeccionismo. Ao me autoconhecer, fui capaz de avaliar a forma como me relacionava com os outros e pude ajustar a minha comunicação de modo mais assertivo e melhorar a qualidade das minhas relações pessoais e profissionais. Portanto, o autoconhecimento é o ponto de partida para avaliar seu estado atual e ajustar o seu foco para onde deseja chegar.

Mude sua mentalidade ou *mindset*

É nossa programação mental. Todos possuímos estados internos de pensamentos sobre quem somos. Esses estados são capazes de dirigir todos os resultados da nossa vida. Como nos vemos, como percebemos nossas potencialidades e limitações, se nos sentimos merecedores na vida, tudo depende de como isso está registrado em nossa mente e programado no nosso cérebro. Criamos a nossa realidade por meio da nossa visão de mundo. Desse modo, toda percepção da realidade é meramente subjetiva, tendo em vista que cada um de nós tem as nossas próprias verdades e, portanto, enxergamos o mundo pela nossa lente única e exclusiva. Você já deve ter ouvido falar em crenças, pois são elas as responsáveis pela configuração da nossa mentalidade. Uma boa notícia é que, independentemente de qual seja o seu *mindset*, é completamente possível, por meio de ferramentas específicas, reconfigurar e ressignificar as crenças limitantes e potencializar a vida de qualquer pessoa para maiores conquistas e realizações.

Planeje suas ações

Planejamento é a palavra de ordem na vida de toda pessoa bem-sucedida. Geralmente, na aflição da rotina, tendemos a focar no que é urgente e deixar para segundo plano o que é importante. Ficamos "apagando incêndios" o tempo todo. Essa prática é péssima para os resultados em longo prazo. Portanto, papel e caneta e mãos à obra. Trace seus objetivos, estabeleça as metas para curto, médio e longo prazos em um plano de ação. Anote todos os recursos que serão necessários para cumprir o estabelecido. É importante acompanhar os resultados de cada etapa e ajustá-la à sua realidade sempre que necessário. Comemore cada conquista alcançada. Essa atitude serve para validar o seu esforço e aumentar a sua motivação. Lembre-se, quando você se posiciona, tudo ao seu redor muda. Decida por uma vida de qualidade. Opte sempre pelo equilíbrio. E jamais se esqueça de que somente você pode decidir o limite para o seu progresso. Desejo muito sucesso e uma jornada de grandes realizações.

6

OS SONHOS E CONQUISTAS DE FRANCISCO DE ASSIS

Neste capítulo, compartilho meus sonhos e conquistas, na esfera pessoal e profissional, dos últimos dez anos, período que considero de conquistas exponenciais, sempre primando em acreditar no **poder dos sonhos** e na força que vem da minha **fé, família** e **amigos**.

FRANCISCO DE ASSIS
DAS NEVES MENDES

Francisco de Assis das Neves Mendes

É apaixonado por leitura, aprendizado contínuo e liderança servidora. Tem como missão e propósito de vida "inspirar pessoas a sonharem mais e aprenderem mais ajudando a construir um mundo melhor". Seus valores e alicerces são: fé, família, educação, generosidade e justiça. Doutorando em Ciências Empresariais e Sociais pela UCES da Argentina, Mestrado em Estratégias de Investimentos e Internacionalização pelo ISG de Portugal e MBA em Gestão Empresarial pela USP de São Paulo. Administrador com especializações em Gestão de RH pela Universidade Cândido Mendes do Rio de Janeiro; e Direito do Trabalho & Previdenciário pela PUC-MG. Sólida experiência em Gestão de RH, Relações Trabalhistas e Projetos de TI. Também atua como professor de pós-graduação e escritor. Coautor dos livros *Autoconhecimento e empoderamento; Liderando juntos* e *Otimizando relações*, pela Literare Books. Atualmente é assessor de relações trabalhistas da Honda, diretor de relações com mercado da ABRH AM, professor de pós-graduação do Centro Universitário Fametro e escritor na Literare Books.

Contatos
fassisnm@yahoo.com.br
Facebook: FranciscoAssisMendes
Instagram: @francisco.assisnm

Não importa quão estreita a passagem, quantas punições ainda sofrerei. Sou o senhor do meu destino, e o condutor da minha alma.

William Ernest Henley

Introdução

Minha mãe Maria Neves e meu pai Claudionor de Macedo, até meados de 1965, eram pais de cinco filhas (Tereza, Socorro, Sandra, Tânia e Maria Auxiliadora) e alimentavam o sonho de ainda de ter um filho homem. Diante desse sonho, dona Maria fez uma promessa a São Francisco de Assis de que, em caso de nascer um filho homem, colocaria o nome do santo. Então, em 16 de junho de 1967, no bairro do Morro da Liberdade (local pelo qual tenho muito carinho e muitos amigos), nasceu seu primeiro e único filho homem, cujo nome Francisco de Assis foi registrado em homenagem ao Santo. Depois do nascimento de Francisco, dona Maria ainda teve mais duas filhas (Claudia e Patrícia). Com o passar do tempo, cresci e constitui uma linda família com minha esposa, Joseane Mendes, e minhas filhas, Ana Carolina, Samantha, Ana Beatriz, Sophia, Mariana e Maria Alice, e o neto Bernardo. A seguir, apresentarei a vocês um pouco dos meus sonhos, conquistas e aprendizados.

Intercâmbio na Inglaterra

Aos 22 anos, comecei a estudar inglês em uma pequena escola da franquia CNA com o professor Jimmy (de origem norte-americana) e, a partir desse momento, comecei a sonhar com a realização de um intercâmbio na Inglaterra ou Estados Unidos (nessa ordem). O tempo passou e foram surgindo novas prioridades, mas jamais esqueci do sonho de realizar intercâmbio.

Passados 20 anos, mais precisamente em 2012, tive a oportunidade de estudar Business English na Embassy School e lá me foi oferecido um pacote de intercâmbio para a Inglaterra na LAL School, por 23 dias. Avaliei o investimento e tempo que teria de me ausentar da empresa e da família. Negociei com família e com empresa e, com todos de acordo, parti para o planejamento financeiro e logístico do intercâmbio.

Em 2013, embarquei para Londres com parada em Portugal, onde aproveitei para conhecer rapidamente os principais pontos turísticos de Lisboa. Ao chegar em Londres, no aeroporto Heathrow, a van que levaria os intercambistas de Londres para a cidade de Paignton já havia saído. Depois de procurar ajuda, encontrei um representante da escola, que me entregou um bilhete de ônibus para chegar à cidade onde ficaria hospedado. Quando cheguei na cidade de Paignton, fui recebido pelos responsáveis da *hostfamily*, Mr. Derick e Mrs. Sophia, um casal super do bem.

O intercâmbio foi uma experiência maravilhosa de 23 dias, tinha colegas da Alemanha, Coreia, Espanha, Kuwait, Arábia Saudita, Colômbia e Brasil. Durante esse período, além do aprendizado no idioma inglês, pude conhecer outras culturas e vários lugares, como Londres, Oxford, Exeter, Stonehenge, Dartmouth, Salisbury (onde está a catedral mais alta da Europa), Plymouth (o mais antigo pub), Paignton, Torquay e outras. Essa viagem foi a prova de que sempre se deve acreditar nos sonhos, nunca desistir e trabalhar fortemente, pois um dia você conseguirá realizá-los, e isso não tem preço, mas sim valor.

Mestrado em Portugal

Em 2010, iniciei a caminhada para a realização do sonho de obter o título de mestrado. Inicialmente, me matriculei em um curso de acesso ao mestrado de Portugal pelo Instituto Fórum do Piauí, em parceria com CRA-AM. Foram em torno de 14 meses com módulo uma vez por mês, de sexta-feira a domingo, com a presença em Manaus de professores portugueses da Universidade Lusófona de Lisboa.

Após o curso de acesso ao Mestrado ser concluído, o segundo passo seria a matrícula em uma universidade de Portugal e o aceite do meu pré-projeto para depois escrever e defender dissertação em Portugal, tudo certo? Não! Após a conclusão do curso de acesso ao mestrado, surgiram novos desafios e novas prioridades e os planos mudaram, sendo necessário o trancamento da segunda etapa do mestrado. No entanto, nunca desisti desse sonho, mantendo-o sempre vivo na minha mente.

No final de 2013, entrei em contato com o Instituto Fórum do Piauí, representante da Universidade Lusófona e do ISG Business School no Brasil, a fim de verificar a possibilidade de retomar meu curso de mestrado. Após analisarem meu pedido junto às instituições de Portugal, ele foi aceito pelo ISG sob a orientação do Prof. Dr. Álvaro Dias.

De 2014 a 2017, o foco total foi no desenvolvimento da dissertação com várias versões até chegar com a aprovação, em julho de 2017. Após a aprovação da dissertação, começou um período de ansiedade para a realização da defesa em Portugal. Em fevereiro de 2018, foi realizada a defesa com aprovação da dissertação em Lisboa com a presença da minha esposa e da amiga Elaine, ex-presidente da ABRH AM. Foi um momento de muita emoção, desde a defesa até a espera pelo resultado da banca. Enfim, no final foi só alegria e depois celebração pelas ruas de Lisboa.

No dia seguinte, eu e minha esposa viajamos para o Santuário de Fátima para agradecer a conquista de mais um sonho. A conquista desse sonho fortaleceu ainda mais a crença do Poder dos Sonhos e o Poder da Gratidão em minha vida, pois os sonhos nos motivam a buscar a nossa melhor versão e a gratidão fortalece a humildade em agradecer pelas graças alcançadas.

Palestra no CONARH/IBC

Em 2017, ao virar Assessor de Relações Trabalhistas, deixei o cargo na Gestão de Recursos Humanos, no qual fiquei por mais de nove anos, e resolvi começar a construir outras possibilidades de carreiras, como palestrante e professor de pós-graduação. Iniciei oficialmente a carreira de palestrante, em 2017, com a palestra "Os Cinco Pilares do Sucesso" em parceria com a amiga Rosemília, da APOEMA Consultoria. Foi uma experiência muito gratificante e, depois dessa, vieram novos convites para palestras e treinamentos com Rosemília, além da Maria Clara, da Orbi RH. Em 2018, fui convidado pela presidente da ABRH AM, Kátia Andrade, para falar sobre uma das minhas palestras, cuja temática era "Gestão do RH 4.0", tema esse que virou tese do meu doutorado e de um livro a ser lançado em 2021. Após a palestra da ABRH AM, me senti empoderado para sonhar em palestrar um dia – em uns 5 anos, talvez – no CONARH, evento que já participava há vários anos. Para minha surpresa, em meados de fevereiro de 2019, recebi uma ligação da Ana Volpis, executiva do IBC, me convidando para ser um dos palestrantes no mega espaço do IBC no CONARH 2019. Não pensei duas vezes, aceitei na hora.

No dia 16 de Agosto de 2019, com a presença de grandes amigos de Manaus e São Paulo e de minha esposa Joseane, lá estava eu aguardando o término da palestra do *mega power* José Roberto Marques, para palestrar depois dele. Ao terminar sua palestra, JRM me abraçou e me desejou sucesso. A sala estava lotada, muitas pessoas não conseguiram participar, inclusive um amigo de Manaus. Minha palestra era sobre "Gestão do RH 4.0".

No início, comecei um pouco nervoso e muito emotivo com aquele momento, parecia que estava sonhando, mas depois de alguns minutos, fui voltando ao normal e consegui conduzir com sucesso. Foi um momento muito especial na minha carreira, fiquei muito orgulhoso de ser a primeira pessoa do Amazonas a ser palestrante nesse mega evento. Ao final do evento, aproveitei o momento de celebração com muitas fotos com amigos, profissionais de RH e, claro, com a minha linda esposa Joseane. Nessa conquista, reforcei ainda mais a crença de que *"sonhar grande ou pequeno só depende de nós e que o impossível é só uma questão opinião"*, portanto, todos podemos ousar e atingir sonhos impossíveis. Agora pergunto: o que você está esperando para ousar e conquistar um sonho impossível? A conquista desse sonho impossível só depende de você.

Doutorando na Argentina

Após a conquista do Mestrado em Portugal, parti para o próximo sonho, obter o título de Doutorado. Inicialmente, o planejamento era fazer doutorado em Portugal na Universidade de Fernando Pessoa, em Porto, mas algumas incertezas com o representante no Brasil me fizeram mudar a rota. Então conheci a IESLA de Minas Gerais, representante no Brasil da UCES da Argentina. Analisei o programa do doutorado em Ciências Empresariais e Sociais e me conectei. A partir disso, fui negociar com minha esposa e com a empresa, pois seria necessário me ausentar 4 vezes por 18 dias, durante 2 anos, justamente nas férias de janeiro e julho. Após várias negociações e com todos de acordo, novamente foquei no planejamento financeiro e logístico.

Em julho de 2018, comecei a jornada do doutorado. Logo no início, fiquei encantado com a cidade de Buenos Aires. Nos primeiros dias, foi só alegria, mas, no decorrer dos dias, senti muita saudade da família e isso se manteve durante os 18 dias. Já em janeiro de 2019, a nova jornada de seminário por mais 18 dias, as dificuldades foram aumentando e a saudade da família também, mas segui em frente com determinação e foco. Para o terceiro e penúltimo módulo, foi diferente, pois consegui levar junto comigo, em julho de 2019, minha esposa e minhas filhas menores. Confesso que foi bem desafiante precisar estudar e dar atenção à minha família, mas no geral foi muito gratificante.

Finalmente, em janeiro de 2020, retornei a Buenos Aires para concluir o último módulo do Doutorado presencial, foi um momento de alegria e saudades. Um filme passou em minha mente sobre todos os desafios que enfrentei para chegar até aquele momento, mas o sentimento maior foi de gratidão a todos que me apoiaram nessa caminhada, minha família, meus colegas de trabalho e amigos.

A caminhada ainda não acabou: agora estou escrevendo a tese de doutorado e pretendo defender até 1º semestre de 2021. Nessa conquista, o grande aprendizado foi que, para a realização de grandes sonhos, enfrentaremos diversas pedras em nosso caminho e não serão por acaso. Elas foram colocadas para tropeçarmos ou desviarmos, fugindo do caminho realizarmos nosso sonho. Cabe a nós, nessa jornada, se iremos tropeçar, desviar ou retirar cada pedra no caminho e seguir firmes rumo à conquista dos nossos sonhos. Você, no caminhar da sua jornada em busca dos seus sonhos, vai tropeçar, desviar e desistir no meio do caminho ou vai remover cada pedra que surgir nesse processo com muito foco, persistência e determinação? Lembre-se: com as bênçãos de Deus, você é o "Capitão da sua alma e Senhor dos seu destino".

Meu primeiro livro

A leitura sempre foi uma paixão, já li centenas ou quem sabe milhares de livros em toda a minha vida e continuo a devorá-los mensalmente, pois acredito que esse é o caminho mais rápido para se adquirir conhecimento. Dito isso, sempre tive o sonho de escrever um livro, seja como autor principal ou coautor. Então, em meados de 2019, recebi o convite da IBC Editora para publicar um livro em coautoria com a coordenação do grande mestre José Roberto Marques.

Após avaliar o projeto e as condições de investimento, confirmei minha participação, o que me proporcionou uma emoção muito forte de alegria. Depois disso, passei pela discussão interna para a definição do tema e a estrutura do artigo a ser escrito. Nesse momento, lembrei-me da minha primeira palestra profissional, a qual falava sobre um tema por mim criado "A Filosofia dos 5Ps do Sucesso". Conectei na hora, pois essa filosofia foi criada com base em todo o meu aprendizado pessoal e profissional e me ajudou a encontrar a minha melhor versão! Decidi que este seria meu tema e comecei a desenvolver o artigo.

No dia 31 de julho de 2020, foi lançado oficialmente da sede do IBC em São Paulo com um grande evento com coautores e convidados. Nesse evento, não pude estar presente, pois dias antes ao retornar do doutorado da Argentina, minha esposa adoeceu e não pudemos viajar, mas isso em nada tirou o brilho e a felicidade da realização do sonho de publicar meu primeiro livro em coautoria. Hoje, continuo a escrever, agora pela Literare Books. O grande aprendizado dessa conquista é que chega um momento na vida em que nossos sonhos devem ser mais altruístas, buscando em cada conquista agregar algo de bom para a sociedade. Ao escrever cada capítulo e publicar um novo livro, busco sempre impactar positivamente a vida das pessoas, primando por compartilhar aprendizados que possam ajudar as pessoas a encontrarem sua melhor versão e, assim, a construir um mundo melhor.

Considerações finais

Para finalizar este artigo, gostaria de dizer que os sonhos são sementes que possibilitam o florescimento de grandes frutos e, para que isso aconteça, precisamos acreditar em nossos sonhos todos os dias, regá-los com planejamento, foco, atitude, determinação e superação, sempre engajando a família e os amigos nessa jornada. Lembre-se sempre: você é do tamanho dos seus sonhos. Sonhar grande ou pequeno só depende de você. Gratidão a Deus, família e amigos. Paz, saúde e bem-estar a todos. E *Viva La Vida*!

7

DE PROTAGONISTA DE TV À AUTORA DA MINHA HISTÓRIA REAL

Em sua narrativa, Gabriela conta como um ambiente familiar tóxico vivido a partir da doença da sua mãe a encorajou a sair do interior de São Paulo em busca do seu sonho de trabalhar na televisão. Uma trajetória de força e superação, passando pelos estúdios da Record TV – onde foi consagrada protagonista – até o momento da grande virada da sua vida: o dia em que se tornou mãe.

GABRIELA DURLO

Gabriela Durlo

Atriz conhecida do grande público por atuar em diversas obras televisivas, como novelas, séries e minisséries. Mãe de dois e estudante de pedagogia pela Universidade Anhanguera, formou-se educadora parental pela Positive Discipline Association – USA (Associação da Disciplina Positiva). Trabalha com acolhimento materno e é *coach* especializada no atendimento a mães pelo Instituto Te Apoio. Ministra palestras e *workshops* com foco na Parentalidade Positiva, baseados nos fundamentos da Disciplina Positiva e da Comunicação Não Violenta. Presta consultoria a pais, educadores e cuidadores, com atendimentos presenciais e on-line.

Contatos
gabrieladurlo1@gmail.com
Instagram: @gabrieladurlo
YouTube: To Be Mamãe Gabi

Era o ano de 1999. Estava com 15 anos e recordo esse momento como se estivesse vivendo-o agora. Estou sendo conduzida por longos corredores estreitos de um piso esverdeado e gelado. Minha tia está comigo. Uma enfermeira nos acompanha abrindo os cadeados que trancam as portas de ferro que impedem a nossa livre passagem. Estou indo ao encontro da minha mãe. Essa mesma tia me diz que eu sou a esperança da família para tirá-la desse buraco. "Quem sabe quando ela vir você alguma coisa não bate na cabeça dela?"

Lembrei-me do dia em que me levaram para visitar meu pai com uma intenção semelhante, 2 anos antes, quando entendi o que significavam as palavras "viciado" e "drogado". Não funcionou. Não naquele momento. Apenas o efeito da droga continuou batendo na cabeça dele por alguns anos mais. Porém, com minha mãe, quem sabe? Eu tinha uma esperança enorme que poderia conseguir.

Depois de ouvir o barulho do terceiro cadeado se fechando, na terceira grade de ferro, viro à direita e entro no quarto dela, todo cinza. Encontro-a sentada numa cama também de ferro que tem a pintura bege descascada. Suas pernas estão penduradas para o lado de fora da cama, os braços estão soltos na lateral do corpo e as palmas das mãos, apoiadas no colchão. Tudo em perfeita sintonia com um lugar de não vida. Ela baba. E olha para o nada. Nesse momento, eu entendo o significado da palavra "dopada". Desvio o olhar tentando ganhar tempo para assimilar esse cenário e o corpo que se apresenta à minha frente como sendo o da minha mãe. Percebo ela virando o pescoço na minha direção. Fico tensa, é difícil demais pensar em olhá-la nos olhos. Inevitavelmente, nossos olhares se encontram e ela me olha também como se eu fosse um nada. As expectativas terminam aqui.

Minha tia e a enfermeira tentam amenizar o peso do silêncio, sugerindo que eu vá ao encontro dela, sente ao seu lado na cama e converse com ela. Vou, conduzida como um robô. Não consigo pronunciar uma só palavra.

Elas continuam: "Olha, N., sua filha está aqui. Mostra pra ela o desenho que você fez." Ela se vira lentamente para a folha de papel que está apoiada na janela ao lado da cama e eu fujo em direção a ele, como uma desculpa viável para me afastar do corpo e do cheiro dela. Olho o desenho. É colorido e o único responsável por qualquer resquício de cor desde o corredor com o piso esverdeado. Ele me traz momentaneamente uma lembrança boa, talvez eu tivesse desenhado algo bem parecido quando eu tinha 3 anos de idade e era uma criança feliz. A única diferença entre nossos desenhos era a presença de mais uma irmã. Exato. Era a mamãe de três filhas retratadas naquela folha de papel. Frações de segundo depois, sinto o choque! Minha mãe desenhando isso era motivo de orgulho para quem? Talvez para a terapeuta ocupacional. Não para mim! Definitivamente.

Descarto o desenho e busco respirar através das grades frias da janela e até hoje penso como teria sido minha vida sem o impacto da vista que se apresenta aos meus olhos nesse momento: um pátio enorme de cimento. Nele, muitas pessoas que mais parecem bichos amontoados. Tem gente nua, gente suja, gente gritando, gente sofrendo. Aqui eu entendo o significado de "casa de louco" que minha avó me dizia.

Quebro o silêncio e, sem ar, choro. Muito. Um dos choros mais doídos que já vivi nos meus 35 anos de sobrevivência e que ainda reverbera nos dias de hoje.

Vou embora sem conseguir qualquer contato com a lembrança que tenho do que um dia foi a minha mãe, amparada pela minha tia e pela enfermeira, que mais uma vez abre os cadeados para nossa passagem.

"Por que fizeram isso comigo? Não basta todo o sofrimento que a convivência com uma mãe doente me trouxe dia após dia, ano após ano?" Hoje eu consigo entender os motivos que guiaram as decisões das pessoas de me levarem até ela, e perdoo cada um por isso. Mas lá era difícil assimilar. Era eu quem precisava de colo. Era eu quem precisava de alguém para dizer "estou aqui, vai ficar tudo bem agora". E não o contrário.

Desço as escadas que separam os espaços físicos que determinam para mim o que é digno e indigno do ser humano, sem imaginar que, infelizmente, passaria por cada degrau daquele mais uma porção de vezes ao longo da vida.

Foi exatamente nesse momento, ao deixar esse hospital psiquiátrico na cidade de São José do Rio Preto, no interior de São Paulo, que tomei a decisão mais importante da minha vida: decidi que esse não seria o meu fim. Eu não sou ela. Eu não sou eles. Tenho sonhos e irei em busca de cada um deles.

Nessa época, comecei a fazer aula de teatro e foi uma grande vitória meu ingresso na escola. Minha mãe falava que isso era coisa de puta.

Minha mãe falava tanta coisa, daria para escrever uma trilogia com suas falas e os efeitos que sofri a partir delas. No entanto, àquela altura do campeonato, preferia ser vista como puta a ser vista como louca. Banquei essa ideia, me matriculei no curso e o pagava com o dinheiro que conseguia trabalhando como modelo, recepcionista e divulgadora de eventos no tempo em que eu não estava estudando.

Foi ali, no palco e nas coxias de uma escola de teatro no interior de São Paulo, que tive o primeiro grande encontro comigo mesma, tive também a certeza de que queria ser atriz! Hoje entendo melhor o porquê. A arte tem um grande poder, ela nos favorece na nossa construção de seres livres, na compreensão da vida, na compreensão do outro. Ela nos explica de forma poética aquilo que nosso intelecto não nos permite assimilar ou compreender. Nada poderia vir tão ao encontro das minhas necessidades como a arte de atuar.

O teatro foi meu refúgio e, por muitas vezes, apenas ele foi capaz de me fazer enxergar que eu poderia ser quem eu quisesse, apesar de tudo.

Três anos se passaram desde a minha primeira aula, cada personagem e cada experimento que vivi naquela cidade moldaram meu caráter, colaboraram para uma visão de mundo bastante humanista e me prepararam para enfrentar um passo significativo na busca pelo meu sonho de trabalhar na televisão.

Nessa época, minha mãe ainda vivia uma vida conturbada, cheia de altos e baixos, idas e vindas de internações psiquiátricas. Mas meu pai conseguiu se "limpar", estava num processo louvável de reconstrução, e foi com ele que fui morar quando me apareceu o convite para trabalhar em São Paulo. Eu agradeço todos os dias por ter tido a oportunidade de passar alguns anos debaixo do mesmo teto que o dele, pois foi ali (quem diria!) que, pela primeira vez na vida, tive um lar para chamar de meu. As coisas não eram fáceis, mas, ao contrário do que a convivência com minha mãe me proporcionava, eram nuas e cruamente reais. Isso fez uma baita diferença na minha vida! Ali, me sentia segura, acolhida, pertencente e digna de amor, sendo puramente quem eu sou!!!

Foi meu pai quem me incentivou, orientou e alertou sobre as consequências das minhas escolhas. Aos poucos, entre uma cerveja e outra, entre um trago e outro do seu inseparável cigarro, ao pé do fogão onde ele cozinhava diariamente para mim, minha "boadrasta" e meus outros dois irmãos após um dia de trabalho, ele me encorajou a me libertar da difícil tarefa de dissociar a minha vida à da minha mãe e seguir adiante. "Filha, é isso que você quer? Vai! Se der errado, você volta. Estarei aqui."

Eu fui. Sinto apenas não ter tido a chance de reencontrá-lo quando um dia eu decidi voltar. Se eu tivesse a oportunidade de pedir algo para o Universo, pediria meu pai de volta!

Mas eu não fui sozinha!! Foi com ele também que peguei a estrada rumo ao Rio de Janeiro, para, enfim, realizar o grande sonho da minha vida: atuar em novelas. Havia sido contratada pela Rede Record de Televisão, onde permaneci por nove longos (e lindos!) anos. Minha mudança foi repentina. Entre o telefonema recebido em resposta a um teste e a necessidade de me apresentar nos estúdios para começar meu processo de caracterização de personagem, havia pouco mais de 24h. Desde esse primeiro contato com meu ramo de atuação, entendi que fazer televisão significava não ter rotina ou programação alguma.

Eu tinha medo do Rio, ouvia cada coisa nos noticiários! Sabendo disso, prontamente meu pai se colocou no carro comigo e com a minha única mala em que cabia toda a minha vida. Então, fomos!!

Chegamos num hotel na Barra da Tijuca, onde eu havia feito reserva por três dias, o tempo que achei suficiente para encontrar um lugar para morar e resolver a vida por lá. Estava atrasada para meu compromisso, só pude deixar a mala no quarto e fomos cada um para um lado: eu, para os estúdios em que ficava a Record na época, em Vargem Grande. Meu pai, rumo ao aeroporto. "Agora é com você. Voe, filha!"

E eu voei!! A primeira novela que participei, Vidas Opostas (Record, 2006, personagem Daniela), ainda estava na metade de sua produção quando me chamaram para fechar um contrato de três anos na emissora. Quem é do ramo sabe o luxo que é ter contrato longo com uma emissora de TV. Eu havia conseguido esse feito na minha primeira oportunidade, no meu primeiro papel! Estava orgulhosa de mim mesma e lembrava de todas as vezes que as pessoas lá no interior – e também minha mãe – falavam: "Coloca o pezinho no chão. Isso é muito distante da sua realidade, você não vai conseguir." Nunca considerei essa possibilidade como uma opção. Ainda bem que meu pai treinou minhas asas.

A partir daí, foram mais oito obras entre séries, minisséries e novelas ao longo de nove anos. Cada vez mais conseguia papéis de destaque, cada vez mais meu nome era lembrado pelos produtores e diretores e minha presença era confirmada nas produções. Interpretei a minha primeira e inesquecível protagonista (Ester, em "A História de Ester", Record, 2010) e, depois dela, papéis de peso e destaque dentro das estórias que ajudei a contar.

Junto com Ester, veio também a oferta de mais um contrato, dessa vez por 5 anos! Estava inebriada com tanta realização! Era a vida que eu havia sonhado. Rio de Janeiro, televisão, artistas consagrados e que eu admirava desde criança sendo meus colegas de trabalho. Dividindo cenas, camarins, *flashes*, entrevistas, almoços, confidências, madrugadas, perrengues!! Sim, existe muito perrengue nos bastidores, as pessoas nem imaginam!! Ainda assim, eu seguia feliz, podendo contar um pouco da minha história e dividindo minha visão de mundo por meio de cada personagem que tive o privilégio de interpretar.

Tudo seria perfeito se não fosse um porém: minha vida era dividida! Alguns meses antes de ir para o Rio, conheci e comecei a namorar meu marido e, para a nossa surpresa, o relacionamento superou a distância, fortaleceu nossos laços e, assim, nos casamos em 2009. Eu tinha 25 anos, nunca havia imaginado um relacionamento sério até então, mas ele mudou todos os meus conceitos. Eu soube, desde o início, que era ele o único homem capaz de me fazer superar meus medos e embarcar na construção de um sonho compartilhado.

Contudo, a vida dele era toda em São Paulo e não existia possibilidade de mudança para nenhum dos dois até aquele momento. Fizemos então da ponte aérea a nossa maior aliada, e foi maravilhoso constatar que nossa vontade de estar juntos superou tantos obstáculos.

Entretanto, veio daí também o sentimento que culminou na minha saída da emissora.

Cada vez que eu entrava no avião, indo ou voltando, me sentia incompleta. Entrar no avião significava necessariamente deixar coisas conquistadas para trás, independentemente da cidade em que estava, Rio ou São Paulo. De um lado estava o "meu canto", um apartamento que conquistei junto com meu marido com o esforço do nosso trabalho, meus novos (e passageiros em sua maioria) amigos, minha realização profissional, minha independência. De outro, a casa que eu reconhecia como lar, meu marido, minha família, minha realização pessoal, novos sonhos. Aquela sensação, de repente, passou a me sufocar!

Comecei a me sentir triste, dividida, angustiada a cada vez que precisava ir ao aeroporto. Depois de 9 anos distantes, o relacionamento dava sinais de esgotamento. Já não tinha bom humor para superar as dificuldades dos bastidores, tampouco a desorganização da estrutura televisiva que já me fez, por vezes, retornar para o estúdio estando na fila do *check-in* devido às mudanças repentinas do roteiro de gravação, que levava todos os planos de encontrar minha família por água abaixo.

Também não consegui ignorar a dificuldade que comecei a ter em levantar da cama todas as manhãs para ir trabalhar, parecia que nada mais fazia sentido. As coisas não eram tão claras para mim àquela época, mas eu sabia que algo não estava bem. Só conseguia pensar: "Não posso terminar como ela". Ela sempre foi um norte na minha vida, mas o norte para o qual eu nunca deveria seguir.

Nesse período, eu estava gravando minha última obra, o estrondoso sucesso "Os Dez Mandamentos" (Record, 2015), com a minha personagem Eliseba. Meu contrato estava chegando ao fim, se encerraria junto com o término da novela. No entanto, para a minha surpresa, ela foi estendida por mais de uma vez e, para atender ao novo prazo previsto para o fim das gravações, me ofereceram um novo contrato, dessa vez por mais 3 anos.

Tive de tomar a difícil decisão de não aceitar a renovação. Não consegui ignorar uma voz interna que gritava por mudanças. Teria sido, sem dúvida, mais fácil permanecer onde estava, mas na minha história não existe espaço para ilusões. Eu precisava de um tempo para entender o que me faltava.

"Não vai renovar? Você é louca!!". Escutei isso de alguns. Bem, talvez o significado de louca seja um tanto diferente para mim.

E foi assim, após 9 anos de muito trabalho, sem saber ao certo os reais motivos que me levaram a abrir mão desse contrato, que fechei meu apartamento no Rio e voltei para São Paulo.

Pela primeira vez, em anos, tive tempo e liberdade de ir e vir para onde eu quisesse, na hora que eu bem entendesse. Isso me possibilitou um mergulho profundo em mim mesma, trazendo a verdadeira resposta para a minha infelicidade.

Pude reconhecer qual era a motivação do esforço de uma vida inteira dedicada ao trabalho revisitando o lugar onde tudo começou.

Entendi que minha vontade de ser independente era para sair do cenário cruel que vivia na esfera de vida da minha mãe, construir uma família e ter a chance de reescrever minha história. Só que minhas escolhas começaram a me distanciar desse objetivo por conta da demanda da televisão e por tudo do que eu precisava abrir mão para permanecer nela. Quanto mais eu crescia profissionalmente, mais longe ficava da realização desse desejo original. Mais sozinha eu me encontrava e o sentimento de solidão que passou a fazer parte dos meus dias era cada vez mais esmagador, mesmo rodeada de pessoas o tempo todo.

Entrar em contato com tudo isso foi um processo extremamente doloroso – e igualmente libertador! Finalmente, no dia 9 de dezembro de 2017, tudo fez sentido para mim.

Nesse dia, dei à luz o meu filho. No momento que eu o senti sair de dentro de mim num parto transformador, conectei-me com a mais profunda força da Natureza e passei a reconhecer a potência que sou!

Continuo reconhecendo, dia após dia, cada vez que ele dá um sorriso, abre os braços e corre em minha direção: "Mãm".
"Oi, filho. Mamãe está aqui." E esse é o lugar para onde direciono toda a minha energia hoje, para que ele saiba que sim, eu estou aqui. Inteira, consciente, presente, disponível.
Para ele e também para mim, representada na criança que um dia desejei ser, a quem abraço diariamente na tentativa de acolher e amenizar as dores de tantas feridas.
A maternidade me proporcionou essa oportunidade e hoje minha vida é cheia de ressignificados. Posso, enfim, sentir o amor em sua totalidade. Nada é mais poderoso e gratificante do que isso.
Minha transformação foi além dos meus laços familiares. Hoje, curso faculdade de Pedagogia e trabalho com acolhimento materno, oferecendo ouvido e espaço para as dores de tantas mulheres, auxiliando-as a encontrarem o caminho da sua própria felicidade, livrarem-se de culpas e, acima de tudo, não ultrapassarem seus limites, pois só assim é possível mantermos a sanidade e sermos em definitivo suficientes para nossos filhos. Sou também Educadora Parental em Disciplina Positiva. Tenho como objetivo auxiliar pais e educadores da primeira infância à adolescência na condução da grande responsabilidade que têm em participar da formação de seres humanos, proporcionar um novo olhar sobre nossas crianças, jovens e seus comportamentos desafiadores, bem como incentivar pais e filhos a fortalecerem seus vínculos, resgatarem valores esquecidos e evitarem, assim, encaminhamentos patológicos desnecessários e sofrimentos como os que um dia fui submetida.
Essa foi a forma que encontrei para conciliar trabalho e maternidade, além de deixar minha contribuição ao mundo.
Acredito que nossa capacidade de reparação e reconstrução está diretamente ligada ao reconhecimento da nossa sombra, da nossa verdade e no perdão. Creio que isso tudo só é possível de ser alcançado a partir de um olhar mais amoroso sobre o outro e sobre nós mesmos.
Nossas relações terão mais qualidade quando nos apresentarmos dispostos a entendermos as necessidades, as particularidades e as forças internas que movem cada indivíduo. No fundo, estamos todos em busca do mesmo: amor e pertencimento. Que tenhamos coragem para fazer o que já sabemos, em nosso íntimo, que deve ser feito.
Não posso terminar este capítulo sem antes agradecer a algumas pessoas.
Aos meus irmãos, por compartilharmos tantas experiências e, juntos, sobrevivermos a elas, cada um a seu modo. Às minhas tias, tios e avós, que sempre me ampararam na forma mais pura de compaixão. Ao meu padrasto, por ter permanecido nos momentos mais extremos. À

minha "boadrasta", por ter me acolhido todas as vezes que precisei. Ao meu psicólogo, por ter me salvado de um terrível afogamento. Ao meu marido, por todo o apoio recebido e por ter escolhido caminhar por essa vida ao meu lado. Ao meu filho, que mesmo sem saber, me trouxe, além de amor, a esperança que tenho em mim mesma. Ao meu pai (*in memorian*), por ter sido inacreditavelmente capaz de ser exatamente o que eu precisei, na hora que mais precisei: meu pai! E à minha mãe, a quem eu dedico essas páginas, por ter me dado a vida e mais. Sem você, eu não seria hoje metade da força que sou. Sei que não lerá jamais essas palavras, mas deixo publicamente meu reconhecimento e meu amor por você. Obrigada por ter me proporcionado um olhar bem particular sobre o mundo, onde não cabem miudezas e superficialidades. Por tudo isso, agora eu sou, além de protagonista, autora da minha história real!

8

VIAGENS QUE TRANSFORMAM VIDAS

Como falar de viajar e viver sem mencionar a transformação que esses dois verbos são capazes de trazer? Efeitos que despertam sentimentos causadores de êxtase, ansiedade, obstáculos e de muito planejamento e, claro, de uma paixão daquelas que contagiam a alma.

JOELMA TAVARES

Joelma Tavares

Formada em Jornalismo (Unifieo), escrevia sobre política, turismo e coluna social no Jornal Tribuna Popular na cidade de Osasco. Atuou também em rádio como produtora de programa político e como assessora de comunicação na ALESP – Assembleia Legislativa de São Paulo. Cursou Turismo na Unifieo (1999) e MBA em Comércio Internacional (Fatec, 2007). Estudou Inglês em Londres e na África do Sul, onde ministrou cursos de turismo para agentes de viagem em Johanesburgo e Cidade do Cabo. Professora do curso de Turismo no Cenep, também atuou com aulas de Recursos Humanos voltado ao Turismo e coordenou os cursos de Turismo e Hotelaria da mesma instituição. Escreveu e formatou a Apostila do curso de Turismo e Hotelaria do CENEP-SP. Atuou como professora de História da Arte e Museologia no Colégio Aplicação de Osasco. Coordenou o curso de inglês da Spell Osasco, escola de inglês para executivos. Foi professora de Inglês para executivos bancários, voluntária no Projeto Amigos da Escola, em que ensinou inglês para crianças carentes. Viajou por mais de 36 países e visitou mais de 2.500 cidades no Brasil e no Mundo. Cursou Direito (Faser, 2005). Especialista em Marketing Turístico Digital, ministra cursos, palestras e *workshops* para os profissionais de turismo. Além disso, possui outras especializações em Marketing Turístico, Políticas Públicas no Turismo e Marketing de Eventos.

Contatos
jotavares74@icloud.com
Facebook: ajoelmatavares
Instagram: @ajoelmatavares
11 94816-3883

Estive em mais de 36 países, por 2.500 cidades ao redor do mundo. Cada lugar foi singular, com experiências que transformaram meu modo de ver as coisas, as pessoas, o próprio mundo – e que trouxeram, de alguma forma, lições de vida.

Aprendi que todas as viagens da vida são transformadas a cada dia, com cada pessoa que passa por nós, sendo alguém conhecido ou não. Aprendemos com a nossa profissão e com as pessoas que nela servimos. Aprendemos também com o medo e a coragem, mas principalmente com a liberdade.

No filme *Comer, Rezar, Amar*, a atriz Julia Roberts interpreta Liz, uma jornalista bem-sucedida profissionalmente, porém infeliz na esfera pessoal, sempre achando que algo faltava para a sua felicidade. Passou por um divórcio, viagens, se envolveu em romances, foi em busca de uma espécie de encontro espiritual e, por fim, sentiu vontade de se reencontrar.

Uma cena notória do filme é quando Liz, visitando a Itália, se depara com ruínas romanas e, ao parar para observá-las, tem a seguinte reflexão: *as pessoas são como ruínas*. Quando viajamos, muitas vezes seguimos para pontos turísticos apenas pela fama, mas nunca analisamos o que ele representa.

As ruínas sobreviveram ao tempo, construíram histórias de povos, foram reconstruídas, admiradas, transformadas e, ainda que remendadas pelo tempo, não perderam a essência da sua real existência. Assim somos nós em cada viagem: guardamos lembranças, compartilhamos conhecimento e momentos.

Você deve ter muitas perguntas sobre a viagem diária da sua vida, como ela tem te transformado e surpreendido com novos destinos e roteiros que surgem com o passar dos dias.

Num mundo tão grande e com tantos destinos a serem visitados, você é o viajante diário, que sai de casa e segue para o seu destino específico, ou que no caminho cruza com as mudanças da vida.

Imagine que é seu primeiro dia de trabalho e você tem apenas o dinheiro do transporte. De repente, o roteiro que você iria fazer foi interrompido para salvar uma vida. Esta história começa em uma viagem da minha vida, cujo roteiro foi interrompido pelo destino.

Era um dia daqueles de garoa e frio em São Paulo. Tudo o que queríamos era um canto bem quentinho e um bom café. Começava mais uma semana de trabalho, e lá estava eu dentro do trem, naquele dia congelante, indo para o meu primeiro dia de trabalho.

Depois de muito procurar um emprego, uma escola me aceitou como professora de inglês. Depois de muitas instruções de como chegar nas instituições e como continuar as aulas desses clientes da escola, finalmente começaria a trabalhar.

Lembro-me de que naquele dia, eu ia dar aulas para um executivo de alto escalão de um banco na 7 de abril. Eu e uma funcionária da escola estávamos indo ao mesmo lugar, até o destino nos separar.

Nessa época, eu já havia acabado a faculdade de Turismo, mas não tinha experiência em lecionar. Resolvi arriscar a dar aulas de inglês, pois falava fluentemente, tinha morado anos atrás em Londres e na África do Sul, imaginei que seria o suficiente para começar.

A viagem desafiante para lecionar acabara de se concretizar. Comecei em três escolas, com aulas de inglês e turismo. *O desafio do desafio*, foi assim que entitulei essa nova viagem, que foi surpreendente. Foi a viagem do saber e do aprender, do doar sem receber e receber sem esperar. Meu desafio tinha chegado ao fim de um ano letivo, com a sensação de dever cumprido e com a certeza de que novas viagens surgiriam após essa.

Comecei lecionando Turismo em uma outra escola, com apenas uma turma aos sábados pela tarde. Uma nova viagem começava com o resultado de assumir a coordenação do curso para o qual formulei uma apostila de turismo, que todas as franquias usam até hoje.

Ao mesmo tempo, a escola de inglês para executivos finalmente havia me chamado. Passei o fim de semana estudando e imaginando como seria esse primeiro dia de aula. Segunda-feira, lá estava eu na escola, recebendo meu material e o dinheiro do transporte de ida e volta. Era tudo o que eu tinha naquele momento, afinal aquele era o dia do recomeço.

Aquela segunda-feira, do meu primeiro dia de emprego, reservava uma grande viagem.

Ao sair do metrô, conversando com a funcionária da escola, me deparo com um tumulto, polícia, ambulância e pessoas rindo, enquanto outras expressavam preocupação. Não sou curiosa com essas situações, mas aquilo me chamou a atenção. Queria parar, mas a funcionária da escola me lembrava do meu horário marcado. Então segui com ela em direção à rua 7 de abril.

No entanto, algo em mim era mais forte e uma voz interna dizia que eu deveria voltar. Virei e disse que ela poderia seguir – e eu iria voltar para onde estávamos. Saí correndo em meio à multidão.

Lá estava um senhor, caído ao chão, gritando por socorro em inglês e ninguém entendia nada, nem a polícia, nem os médicos que tentavam socorrer.

Ele gritava em inglês: *meu ombro, meu ombro, me ajudem!*
– Você é o que dele? – um policial que estava no local perguntou.
– Nesse momento, o anjo da guarda. Eu falo inglês, posso ajudar a socorrer.
Pedi a ele que tivesse calma, pois estava ali para ajudar com a tradução.
A dor dele deve ter passado por um minuto, pela cara de alívio que ele fez.
– O que houve?
Traduzi rapidamente para a equipe médica que tentava ajudar e a polícia. Gentilmente, eles me pediram para acompanhar o senhor até a Santa Casa de São Paulo. Sorri meio sem graça e disse que não seria possível, pois era meu primeiro dia de trabalho e eu já estava atrasada. Mas em meu interior a voz dizia: *acompanhe, ele vai precisar de você*. Eu já tinha parado, já estava atrasada, já ia levar bronca, então decidi que ficaria até o final.

Imobilizaram e deitaram ele na maca, e nos dirigimos até a ambulância.

No caminho, fui conversando com ele para distrair, perguntei seu nome, de onde era, o que fazia no Brasil.

Seu nome era Sarang Lonkar, um indiano que veio a negócios, foi só o que soube naquele momento.

Na chegada à Santa Casa, fomos conduzidos à emergência, mas ele não tinha documentos, afinal tinha sido roubado. Então fiz a ficha com o que ele me dizia e, por fim, levaram-no para o raio-X.

E lá estava eu sentada ao lado do Senhor Sarang, ouvindo toda a história e, ao mesmo tempo, preocupada, pois não sabia se teria meu emprego ainda. No entanto, também estava feliz por ter seguido meu instinto.

De repente, um médico com o resultado do raio-X na mão veio até nós, falando em inglês, com várias recomendações. Elogiou-me e agradeceu a minha boa ação.

– Hey, Sarang, agora você está bem, vou te levar ao seu hotel.
Sarang ia embarcar de volta ao seu país naquela noite. Ficou enfaixado, pois deslocou o ombro e, com alguns remédios para ajudar na viagem de volta, o médico disse:

– Você realmente apareceu na hora certa, porque se mexessem mais no ombro dele, poderia ter sido pior.

Agradeci as palavras do médico, tomei Sarang pelo braço, peguei o raio-X e caminhei em direção à porta.

– Vamos pegar um táxi até seu hotel. Qual o nome do hotel em que você está?
– Não sei o nome, não lembro. O cartão do hotel estava na minha bolsa que foi roubada.

Eu só tinha três reais. Interceptei um taxista, contei a ele o ocorrido com Sarang e que precisávamos ir até o Metrô República. Felizmente, ele se ofereceu para nos levar. Passava das duas da tarde e parecia que o dia não ia acabar. A história toda começou por volta das nove da manhã, mas o trâmite hospitalar é demorado e ainda tivemos que fazer um boletim de ocorrência para que ele pudesse embarcar de volta para a Índia.

Joelma Tavares | 67

Chegando ao Metrô República, ele conseguiu apontar a direção para a Avenida São João, onde ficava o hotel.

– Que final de viagem! Seu último dia aqui no Brasil terminou assim tão trágico, espero que pelo menos os negócios tenham sido bons.

Ele sorriu e respondeu que era escritor, veio para a Bienal do livro, pois vendia livros para educação infantil em inglês. Eram aulas prontas para crianças do mundo todo de forma divertida. Eu estava diante de um escritor indiano!

Enquanto nos aproximávamos do hotel, um homem começou a se aproximar e gritar o nome de Sarang. Falou meia dúzia de palavras em hindu, que eu já não compreendia. Era seu amigo que tinha conseguido escapar do assalto.

Então Sarang sorriu e disse ao amigo:
– Essa é a Jô, ela é o meu anjo da guarda, me salvou e me levou ao hospital.

O amigo me agradeceu por salvar Sarang, mas estava preocupado pela possibilidade de perderem o voo. Ele havia conseguido recuperar a bolsa e os documentos, mas o dinheiro não.

Senti que finalmente tinha acabado minha missão. O amigo de Sarang me questionou se me devia alguma coisa, o quanto custava o meu tempo com ele. Fiz um gesto com a cabeça e com a mão sinalizando que não.

Sarang pediu que lhe arranjassem caneta e papel, e sorrindo gentilmente pediu que eu anotasse meu endereço, para mantermos contato. Eu anotei e disse que ele podia me avisar se chegou bem.

Meio envergonhada com a situação, mencionei que precisava voltar para Osasco, mas precisava de um ticket de metrô, pois o único dinheiro que eu tinha havia gastado com o táxi.

O gerente do hotel me deu um ticket de volta, então me despedi de todos e segui em direção ao metrô, com a esperança de não ser demitida.

Sarang chegou bem e me adicionou em uma rede social, me informando que não houve necessidade de operar. Um mês depois, ele enviou, via Correios, uma coleção de fitas cassetes com aulas gravadas para a escola de inglês. Agradeci e mandei para ele uma camisa da nossa seleção brasileira de futebol.

Tive a oportunidade de viajar para a Índia em 2017, tentei contatar Sarang pela rede social, mas não tive sucesso. Só ao voltar para o Brasil que recebi a notícia de que ele tinha falecido. Fiquei triste, mas ao mesmo tempo feliz por ter conhecido um escritor indiano, que me inspirou, anos depois, a escrever este capítulo para ser publicado em um livro em que conto a sua história.

Dedico esta obra aos meus pais, Alaíde e Eloy, pelo esforço pela educação que me fez chegar aqui. *In memoriam* ao Sarang Lonkar, o protagonista desta história.

9

O CAMINHO DO MEIO

Autoconhecimento é uma palavra muito usada ultimamente. Mas o que é se conhecer de verdade? Até que ponto estamos dispostos a reconhecer nossas sombras e vulnerabilidades? Questões como essas me fizeram embarcar em uma jornada interna, passei por caminhos escuros e tortuosos, precisei me divergir dos meus papéis e ter a coragem de colocar o pé para que o caminho se abrisse à minha frente.

JUCILENE SANTOS

Jucilene Santos

Empresária e empreendedora, graduada em Ciências Contábeis pela Anhanguera Educacional (2012), com pós-graduação em Neurociência Clínica e Educacional (Instituto Rem). Especialização em Neurociência Pessoal e Neurociência Forense (Instituto Thaís Faria Coelho), Píllulas de Conhecimento: Inteligência Emocional (Escola Conquer), Neurociência e Inteligência Emocional Aplicada à Alta Performance em Saúde (Faculdade Febracis), Reaprendizagem Criativa (Keep Learning School).

Contatos
www.jucafes.com.br
jucsantosuni@gmail.com
Instagram: @ju.santo_s
19 98103-7127

Quando criança, eu queria ser cientista, dizia que gostaria de salvar vidas e criar coisas novas. Fui uma criança resignada, obediente e muito sonhadora. Meu maior sonho era ser uma mulher independente, dona do meu destino e capaz de criar uma realidade diferente daquela em que vivia.

A gravidez na adolescência me fez pensar por alguns instantes que nada disso seria possível, mas ainda bem que foram só instantes.

Abrir-me para o mundo e buscar o conhecimento necessário me fez ser hoje a mulher que sempre sonhei.

A Neurociência apresentou-se na minha vida para provar que posso, sim, tocar a vida das pessoas e ajudá-las a terem uma vida melhor, bem como o fato de ser uma mulher empreendedora me permite criar e ter criatividade dentro das minhas empresas e seguir realizando meus sonhos.

O meu processo de Autoconhecimento foi fator decisivo para que houvesse uma mudança radical em minha vida. A mudança de comportamento e de padrões de pensamento, além do desapego do que não fazia mais sentido, foram parte dessa jornada.

Com base em meus estudos em Neurociência, falarei um pouco sobre como Autoconhecimento, Gestão de Emoções e Inteligência Emocional me ajudaram a transformar a minha vida e a me sentir parte integrante desse mundo onde realmente me sinto viva, e não apenas sobrevivendo.

Hoje, no meu perfil do Instagram, falo de maneira descomplicada e divertida sobre como a Neurociência pode nos ajudar no dia a dia, seja na vida conjugal, com os filhos ou apenas como forma de conhecer a si mesmo um pouco mais. Estudar o comportamento humano e a forma que nosso cérebro reage nos ajuda a ter mais empatia e a saber lidar com as emoções e com os desafios diários.

Consciência corporal: quem eu sou dentro desse corpo?

O Autoconhecimento parte de coisas muito simples, como reconhecer, ouvir e sentir o próprio corpo e mente.

Muitas vezes, quando pensamos em corpo, é comum pensarmos logo em atributos físicos e em cada detalhe que gostaríamos de mudar. No entanto, e se olhássemos com um olhar mais amoroso e mais atento? São inúmeras as vezes em que deixamos de obedecer o que nosso corpo nos comunica, porque estamos em um ritmo frenético de rotina, com a falsa ideia de que estamos vivendo e aproveitando a vida – e, para piorar, acabamos acreditando que ser multitarefas é ser o super-herói do século. Consequentemente, esquecemos da nossa conexão fundamental com o nosso corpo.

A comunicação é uma das chaves para a convivência no mundo moderno. Estamos sempre em busca de interação nas redes sociais e de nos conectarmos com as pessoas. E se tentarmos nos comunicar com nosso corpo? O que pode acontecer?

Esse é um exercício de extremo autocuidado: o olhar sem julgamento, somente observar. Tente se olhar no espelho com um olhar amoroso. Se encontrar alguma cicatriz, tente lembrar da história de como ela passou a ser parte de você. Foi na infância? Foi por causa do parto do seu filho? Você verá que ela tem muito a dizer sobre você e sobre quem você é hoje.

Quando passamos a observar nosso corpo, começamos a ter consciência corporal e conseguimos sentir o Ser que habita dentro dele.

Não deixe que sua mente se torne manipuladora, que julgue ou fale no seu ouvido bem baixinho tudo o que está fora do lugar. Permita que cada pensamento desse tipo vá embora da mesma forma que veio e não se apegue a eles.

Esse é o primeiro passo para o Autoconhecimento: ter a consciência de que você tem um corpo e esse corpo tem necessidades – as quais ele irá te informar e sua sensibilidade permitirá que você saiba exatamente o que precisa. Você pode ter controle sobre o fluxo de seus pensamentos.

É preciso olhar para o que se sente, olhar para a história da sua família e entender de onde você realmente veio. Observe cada pensamento e cada sentimento.

A Neurociência nos diz que a área cerebral da dor física é a mesma da dor emocional, e entender melhor como as emoções são processadas no cérebro e se reverberam no corpo é um fator importante para a qualidade de vida, pois isso interfere no processo de aprendizagem e memória.

Somos seres emocionais e vivemos a maior parte do dia em nosso sistema límbico, o qual regula as emoções e, na maioria das vezes, o processo decisório.

Quando uma emoção é provocada, há uma descarga hormonal em nosso corpo e esta é a forma que corpo e mente têm para se comunicar. Identificar o que se sente e tentar buscar a raiz daquele sentimento é muito importante nesse momento.

Gestão das emoções e inteligência emocional

Emoção: palavra discutida entre filósofos e psicólogos durante muito tempo. O dicionário define como "uma reação moral, psíquica ou física, geralmente causada por uma confusão de sentimentos que, diante de algum fato, situação ou notícia, faz com que o corpo se comporte tendo em conta essa reação, expressando alterações respiratórias, circulatórias e comoção". (DICIO, 2021).

Se somos seres que vivem a maior parte do dia em nosso sistema límbico – responsável pelo controle das emoções – e pesquisas (TORIKACHVILI, 2016) demonstram que nossa tomada de decisão não é racional, como podemos lidar melhor com esse turbilhão de emoções?

Segundo Daniel Goleman (2012), em *O Cérebro e a Inteligência Emocional – Novas Perspectivas: Autogestão e Autoconsciência*:

> Estas são as bases do autodomínio: consciência de nossos estados interiores e gestão desses estados. Estes domínios de habilidades são os elementos que fazem de alguém um executante individual extraordinário em qualquer área de desempenho – e nos negócios, um contribuinte individual notável, ou estrela solitária. (GOLEMAN, 2012, p. 37)

É importante ter consciência e saber da origem de cada experiência e emoção, bem como das sensações em nosso corpo. Da mesma forma, podemos identificar o que estamos sentindo no exato momento em que sentimos, definir com precisão cada pensamento que gera uma emoção que, por sua vez, gera um sentimento.

No decorrer de um dia agitado, nos sentimos estressados e costumamos definir todos os sentimentos em uma única sentença: *estou estressado*. Chegamos em casa à noite e, quando nosso parceiro ou parceira pergunta o que houve, a resposta é a mesma: *estresse*. Quando conseguimos identificar o sentimento que gera uma emoção, nosso corpo passa a racionalizar essa emoção e dar um sentido a ela.

Podemos parar e analisar o porquê de estarmos estressados e começar trazer à luz cada sentimento e, com isso, podemos observar que algumas vezes estamos ansiosos. Ao identificar a ansiedade, devemos fazer o exercício de nos perguntar o porquê disso. Cenas como a necessidade de entregar um relatório ou ajudar no trabalho escolar de um filho começam a aparecer e, assim, podemos começar a tomar decisões. *Em que momento farei isso? Como vou me programar para o que precisa ser feito?*

Algumas vezes, estamos com raiva e manifestamos comportamentos agressivos. Se pararmos para pensar nos motivos da raiva, vamos encontrar o gatilho que nos levou a atitudes que não tomaríamos em estados de consciência normais. Situações simples podem estar na origem desses sentimentos – mal nos alimentamos direito, fomos fechados no trânsito, dormimos mal na noite anterior. Esses pensamentos vão tomando proporção muito maior do que a necessária quando não conseguimos mapeá-los, pois nosso cérebro não consegue discernir o que é realidade do que não é. Começamos a pensar: e se tivéssemos batido o carro? E se tivéssemos nos machucado? Esses pensamentos geram emoções que, consequentemente, geram sentimentos, os quais fazem com que hormônios sejam liberados em nossa corrente sanguínea, nos deixando nesse *loop* de emoções.

A consciência emocional é o início da inteligência emocional. É acompanhar a emoção se desenvolvendo e acontecendo. A identificação desse estado presente nos possibilita uma maior flexibilidade mental, nos permite ter mais empatia, mais aceitação e clareza.

Com isso, vamos eliminando os estressores, pois novos gatilhos vão sendo gerados e nosso cérebro é capaz de criar novos caminhos, novas sinapses com o passar o tempo, e assim vamos nos tornando protagonistas da nossa vida, pois estaremos sempre sendo colocados perante a grandes desafios, seja no ambiente de trabalho ou em nossos relacionamentos.

Autogestão

Quem somos? Seres humanos em processo de evolução que sentem medo, são vulneráveis e estão sujeitos aos mais variados desafios diários. Vivemos tal qual um malabarista, tentando equilibrar todos os sentimentos, a fim de nos livrarmos do sofrimento.

Não precisamos resistir tanto à dor, uma vez que ela é uma parte indiscutível da vida. Não significa entregar-se a ela, mas sim aprender com cada ensinamento a olhar para o que há de bom em cada fato da vida como um aprendizado e uma oportunidade de crescimento.

Precisamos cultivar relações com as pessoas que amamos, de forma leve e sem cobranças ou sobrecargas, tentando não colocar no outro nossas expectativas, bem como olhar com perspectiva para a vida – em busca de viver com mais leveza e equilíbrio entre corpo, mente e espírito. *E se o melhor da festa for esperar por ela?* E se não houver um pote de ouro no final do arco-íris e o ouro estiver espalhado pelo caminho que percorremos diariamente? É importante dar valor ao percurso.

No final das contas, tudo é sobre nós mesmos, sobre o que fazemos com o que se apresenta a nós. Nossa visão e percepção do mundo depende do que temos em nosso interior e todas as respostas estão do lado de dentro.

A inspiração para o título deste capítulo veio em uma meditação onde eu escolhia o caminho do meio, e ele era um caminho de paz, no qual a espiritualidade e o mundo corporativo podem sim ter conexão e andar em conjunto com nossos pensamentos, fala e ações. Colocar os pés no chão e as mãos na massa fez parte do meu processo de despertar para uma consciência e visão de mundo.

Esse é um caminho sem volta – em que deixamos muita coisa para trás e assumimos a coragem de colocar o pé para que o caminho se abra à nossa frente. Conhecer-se é um processo diário e não tem fim. Essa é a magia que encanta.

Referências

DICIO. *Página inicial.* 2021. Disponível em: <http://dicio.com.br>. Acesso em: 09 de mar. de 2021.

GOLEMAN, D. *O cérebro e a inteligência emocional – novas perspectivas.* Tradução Carlos Leite da Silva. Rio de Janeiro: Objetiva, 2012.

TORIKACHVILI, S. A Ciência por trás da tomada de decisão. 2016. *Revista Educação.* Disponível em: <https://revistaeducacao.com.br/2016/05/10/a-ciencia-por-tras-da-tomada-de-decisao/>. Acesso em: 09 de mar. de 2021.

10

CONTAR E ESCUTAR HISTÓRIAS: A IMPORTÂNCIA PARA MELHORAR E VALORIZAR A MEMÓRIA DAS PESSOAS IDOSAS

Este capítulo pretende demonstrar a importância para a pessoa idosa de contar e escutar histórias como um meio de estimular a memória, dar um novo significado à vida e trazer à tona o que verdadeiramente importa: aceitar o que foi vivido. As histórias têm o "condão" de transportar as pessoas para outro mundo, outro tempo. Ao serem ouvidas e se sentirem valorizadas, as pessoas têm a sensação agradável de pertencimento e de estarem incluídas no contexto social em que participam. Constam aqui duas experiências de como contar histórias de forma escrita ou falada e como isso é importante para todos.

JUDITH BORBA

Judith Borba

Bacharela em Direito pela UFPE com Especializações em Psicologia Jurídica (Fafire), Direitos Humanos (Unicap) e Psicologia Positiva pelo IPOG/PB. Formada em Hipnose Ericksoniana, Programação Neurolinguística (PNL) e Posicionamento Sistêmico pelo Instituto Ubuntu de Desenvolvimento Humano e Coaching. Certificada pelo Instituto Brasileiro de Coaching - IBC, em Professional & Self Coaching e Leader Coach; formações reconhecidas internacionalmente pela Global Coaching Community (GCC), European Coaching (ECA), International Association of Coaching (IAC) e pelo Behavioral Coaching Institute (BCI), órgão que congrega os principais *coaches* e entidades de Coaching no mundo. O BCI atua em parceria com o International Coaching Council. Também pela Faculdade Monteiro Lobato, em Goiânia/GO, no Curso de Extensão Acadêmica em Professional Self Coaching. Na área de *storytelling*, tem formação de: Contadora de História pelo Grupo Zambiar; treinamento como voluntária e associada da Empreendeler; contoterapeuta pelo Instituto de Desenvolvimento Humano Ipê Roxo. Também, como membro do Ministério Público e por ter atuado como promotora de justiça do idoso, tem várias teses aprovadas nos Congressos Nacionais e Estaduais do Ministério Público e como palestrante em Direitos Humanos, tudo na perspectiva de valorização da pessoa na conquista de sua cidadania. Atualmente, é vice-presidente do Instituto de Pesquisa e Estudo da Terceira Idade e trabalha com o desenvolvimento humano (principalmente da pessoa idosa) utilizando os conhecimentos como contoterapeuta, consteladora, advogada e *coach*.

Contatos
jupisibo@gmail.com
Instagram: judith_borba1
(81) 99976-3225

Introdução

O ser humano começa a transmitir os seus conhecimentos e vivências, trazendo a memória pré-histórica da raça humana, preservando a memória de cada clã e passando às gerações futuras com a prática de contar e escutar histórias. Tal prática remonta até os dias atuais, sendo cada vez mais importante para a valorização e o sentimento de pertencimento da pessoa com mais idade.

Seja com o nome que se queira dar, parábola (quando se deseja transmitir indiretamente uma mensagem, por meio de comparação ou analogia), ou metáfora (fornecendo analogicamente significados às histórias), sempre encanta e transforma, ou seja, o ser humano com a capacidade de transmitir conhecimento a seus semelhantes conseguiu a sua sobrevivência como espécie e, certamente, foi ela que lhe deu vantagem na escala evolutiva.

O conhecimento fora transmitido por uma linguagem que misturava sons e gestos, que se transformou em palavra escrita e, tempos depois, passou a se transmitir o conhecimento por meio das histórias. Isso foi se perpetuando com o passar das gerações como fonte de conhecimento.

Assim, temos então na história homens que são reconhecidos até hoje por causa de suas histórias, como Esopo – apesar de não se ter certeza de sua existência (no mínimo viveu durante o séc. VI a.C.), são atribuídos a ele vários contos e fábulas (A Cigarra e a Formiga, A Lebre e a Tartaruga) com ensinamentos populares que são contados até hoje, com seus animais falando e trazendo, ao final, sentimento do que é certo com fundamentos morais.

O melhor exemplo de história, no entanto, é o de um filho de carpinteiro, Jesus Cristo, que nasceu em um estábulo, rodeado de bichos. Com sua narrativa simbólica, transmitiu mensagens de um mundo cheio de amor e bem aventurança, derrubou o Império Romano e dividiu o mundo em duas eras, antes e depois dele. Hoje, com novas roupagens, o que chamam de *storytelling* vem revolucionando o mundo corporativo, de publicidade e administrativo ao trazer à memória da empresa e/ou de seus fundadores os valores que se desejam preservar e sentimentos que estão escondidos, que precisam aflorar.

Pessoa idosa

A definição legal de pessoa idosa é aquela com sessenta anos ou mais (art. 1º do Estatuto do Idoso). Muitos sofrem com a "síndrome do ninho vazio" depois da partida dos filhos de casa e da maior liberdade que terão a partir desse esvaziamento, bem como sofrem com as consequências do envelhecimento corporal e tudo o que estiver atrelado a esse envelhecer. Por vezes, esquecem e não valorizam os ganhos que a maturidade e a experiência trazem às suas próprias vidas.

As gerações mais novas devem identificar os erros e acertos de quem veio antes e aprender com eles, pois quem não valoriza de onde veio e não tem o conhecimento de seus antepassados tem um destino mais difícil, pois ao se honrar o que veio antes (sendo um dos pilares das constelações sistêmicas), os que vêm depois têm melhores alicerces e estão mais fortalecidos para trilhar os caminhos da vida.

Dessa forma, famílias que compartilham, principalmente de forma oral, os conhecimentos e acontecimentos relativos ao seu passado e à sua evolução têm mais condições de viver um futuro mais sólido.

Contar e escutar histórias, as duas faces de uma mesma moeda

De acordo com Fábio Moraes (2012, p. 9-10), "contar histórias é a arte de brincar com as palavras... E com o que se vê e se pensa". Dessa forma, chega-se ao imaginário das pessoas, às suas crenças, criando e recriando conexões afetivas. Nesse contexto, os acontecimentos do cotidiano ganham nova roupagem e, ao se olhar por outra perspectiva – como ouvinte –, se aprimoram conceitos, muitas vezes arraigados por muitos anos.

Já os sentimentos embotados são revividos de forma lúdica e sem cobranças, trazendo à tona o que verdadeiramente importa: aceitar o que foi vivido, pois as histórias têm o "condão" de transportar as pessoas para outro mundo, outro momento. Além disso, são uma das fórmulas mais eficazes para se educar, pois não vão ao encontro dos princípios e experiências que o ouvinte já traz de sua vida, mas incorporam-se ao que já existe, de forma lúdica, como um novo conceito ou realidade.

Ao contar histórias, são ativadas partes do cérebro associadas à memorização, à aprendizagem e aos sentimentos, ratificando que as pessoas de qualquer idade são detentoras de direitos e obrigações, sempre sem julgamento. Assim, quando se escuta uma história, pode-se aprender com os erros e os acertos das suas personagens sem maiores sofrimentos e, ao se respeitar o ouvinte, ele irá integrar apenas o que lhe é possível.

Por outro lado, Matheus Boscariol (2019) afirma que, "ao se escutar uma história, temos que ativamente e, de forma generosa, prestar atenção na fala do outro, demonstrando verdadeiro interesse pelo que está sendo contado". Assim, quando se aplica a escuta ativa, há o interesse genuíno a respeito do que está sendo dito, pois dois corações se conectam, bem como o que há de mais profundo nas almas das pessoas, o que favorece o crescimento de ambas.

Se a história que está sendo contada é real, é necessário que se abstenha de julgamento e se aplique a empatia, colocando-se no lugar do outro, entendendo suas necessidades, motivações, expectativas e valores. Para ouvir de maneira plena, devemos praticar a presença, promover o relacionamento interpessoal, evitando distrações, controlando a mente e os pensamentos que não estão no foco da história, ouvindo-se na essência.

Podemos realizar perguntas que demonstram que realmente estamos ouvindo e prestando atenção ao que nos está sendo dito e, assim, estabelecendo uma interação genuína, o que permite ao interlocutor um desenvolvimento de excelência concomitantemente.

A importância da memória

Mourão Junior e Faria (2015) definem a memória, a grosso modo, como sendo "a capacidade que os seres vivos têm de adquirir, armazenar e evocar informações".

Nesse sentido, temos de conservar e nos lembrar do que aconteceu no passado – experiências vividas, lembranças, reminiscências – e das coisas associadas, como qualidades, defeitos, nomes. Isso vale até mesmo quando se trata de pessoas já falecidas

Assim, de acordo com Maria Helena Varella Bruna (2020), existem duas maneiras de o cérebro armazenar informações:

- A memória de procedimento ou implícita: armazena dados pela repetição de ações.
- A memória declarativa ou explícita: registra as informações e evoca de fatos e dados, levados ao nosso conhecimento pelos sentidos e processos internos do cérebro, associando dados de dedução e criação

de ideias e levados à consciência, obviamente, quando se ouve uma história (um exemplo de memória semântica).

Atualmente, já se cogita que há o aumento da função sináptica, a criação de novas sinapses e até mesmo sua diminuição pelo desuso, que pode ser inclusive uma das causas do esquecimento com o passar do tempo. Portanto, trabalhar a memória do idoso a partir de histórias poderá ser um grande exercício para diminuir esse efeito negativo com o processo de associação – quando um novo aprendizado pode ser associado a alguma experiência que o idoso tenha familiaridade e que o coloque em contato com a lembrança de algo que está no passado.

Contudo, não é possível evocar uma informação se ela não foi devidamente arquivada por meio da atenção e/ou do poder de concentração, que podem ser facilitados ou estimulados pelos sentidos, interesse pessoal e emoções advindas de uma história passível de apresentar uma carga emocional essencialmente lúdica, que poderá nunca ser esquecida, inclusive porque dificilmente será automatizada.

Alguns exemplos reais de aplicabilidade

Resgate de memórias da família: meu pai, uma criança cuja mãe faleceu quando ele tinha oito anos de idade.

Na minha infância e adolescência, sempre vi meu pai como um homem sério, devotado à família, bom contador de histórias, sisudo e de poucos amigos, juiz sério e justo. Era calado e tinha como diversão ler e ver filmes no televisor – havia se aposentado muito cedo.

Conversando sobre ele com minha mãe, eu tinha conhecimento de algumas passagens da história de minha família. Eu já estava com mais de 40 anos quando comecei a ouvir, todos os domingos, a história de nossa família de forma rica e com detalhes e, a partir disso, passei a entendê-lo e a amá-lo muito mais.

Ele, filho amado de um comerciante promissor, dono de uma loja de móveis e objetos de antiguidade, ficou órfão aos oito anos e passou a viver na casa de um tio, que possuía dois filhos bem mais velhos e uma esposa que não gostou muito da nova situação – um sobrinho do marido em sua casa.

Já meu avô paterno passou a não ter uma ocupação formal (foi o primeiro vendedor de peixes ornamentais da cidade, atividade exercida em sua casa) e, somente quando o filho se tornou adolescente, tiveram o convívio diário, ambos excelentes contadores de histórias. Passei a entender por que meu pai dava muito valor à família, queria sempre todos por perto, apesar de nos mostrar seu olhar muitas vezes triste e perdido. Começou a fumar desde a adolescência, chegou a fumar duas caixas de cigarro por semana e nunca conseguiu parar. Para pensar, primeiro tinha de tragar, pois o cigarro foi o seu grande companheiro fiel até a morte (faleceu com câncer de pulmão em metástase).

Escrever lembranças

Minha mãe, quando os netos Rafael e Daniela estavam já com quatro e dois anos, respectivamente, recebeu um computador meu de segunda mão e resolveu escrever "Como foi o Mundo de Didinha". Ela contou as suas primeiras lembranças: como foi nascer na cidade de Caruaru, ser a quinta filha de um casal que ansiava ter um filho – e esse caçula só veio dois anos depois que ela nasceu –, a primeira vez que viu o mar, andar de bonde... Até seus momentos e vivências atuais... Esses escritos serviram para toda a família e são um referencial para tios e primos lá retratados, pois contêm muitas informações familiares que eles não sabiam ou não se lembravam.

Fotografia

Ver as fotos de minha formatura – quem estava presente e os que ainda estão presentes em minha vida –, sentir saudade e agradecer quem já foi para o plano espiritual é curativo e me faz muito bem. E, também, fazer um resgate de minha trajetória desde aquele período: penso naquela adolescente tímida e cheia de complexos que estava entrando no mundo jurídico. Gostaria de dizer a ela intimamente que conseguimos, vencemos e estamos em transição de carreira para deixar de procurar a justiça de maneira formal, para agora contar histórias e honrar meu pai e meu avô. Pelo exemplo que tive de meu pai, que não soube continuar uma vida produtiva depois que se aposentou da Magistratura, estou traçando um caminho diferente, repleto de sonhos e desejos pelo universo literário.

Conclusão

Assim, contar e escutar histórias é importante para a preservação da memória familiar e motivo de maior crescimento pessoal para todos os envolvidos, pois traz aos olhos e aos olhares a própria história humana, envolvida pela poesia do encantamento.

Referências

BOSCARIOL, M. Escuta Ativa: o que é, sua importância e como desenvolvê-la. 2020. *Rock Content*. Disponível em: <http://comunidade.rockcontent.com/escuta-ativa>. Acesso em: 04 de ago. de 2020.

BRASIL. Lei 11.741, de 1º de outubro de 2003. Estatuto do Idoso. Disponível em: <http://www.planalto.gov.br/ccivil_03/leis/2003/l10.741.htm>. Acesso em: 05 de set. de 2020.

BRUNA, Maria Helena Varella. *Corpo Humano - Memória. Uol.* Disponível em: <http://drauziovarella.uol.com.br/corpo-umano/memoria>. Acesso em: 04 de set. de 2020.

CRUZ, Luciana Hoffert Castro. *A Neurociência e a Educação: Como nosso cérebro aprende? Bases Neuroanatômicas e Neurofisiológicas Do Processo Ensino e Aprendizagem*. Universidade Federal de Ouro Preto, 2016. Disponível em: <http://www.repositorio.ufop.br/bitstream/123456789/6744/1/PRODU%C3%87%C3%83OTECNICA_Neuroci%C3%AAnciaEduca%C3%A7%C3%A3oCerebro.pdf>. Acesso em: 04 de set. de 2020.

DOEELL, João A. *Mac. Bíblia. A Mensagem de Deus*. São Paulo: Edições Loyola, 1983.

MORAES, Fábio. *Contar Histórias – A Arte De Brincar Com As Palavras*. Editora Vozes, 2012.

MARQUES, José Roberto. *Escuta Ativa: entenda o que é e como desenvolvê-la no ambiente do trabalho*. Disponível em: <http://www.ibccoaching.com.br/portal/comportamento/escuta-ativa-entenda-como-desenvolve-la-ambiente-de-trabalho/>. Acesso em: 04 de set. de 2020.

MOURÃO JUNIOR, C. A.; FARIA, N. C. Processos Psicológicos Básicos. *Psicologia: Reflexão Crítica*. Universidade Federal de Juiz de Fora. Disponível em: <http://www.scielo.br/scielo.php?script=sci_arttext&pid=S0102-7972201500040 0017>. Acesso em: 04 de set. de 2020.

11

O *GIRL POWER* NO EMPREENDEDORISMO BRASILEIRO

Sempre foi possível notar, no cenário mundial do empreendedorismo e também no cenário brasileiro, a predominância masculina no ato de empreender. Buscando o embasamento teórico em pesquisas acadêmicas, objetivou-se, com este capítulo, apontar dados que possam promover uma reflexão nos leitores, apresentando aspectos e características que demonstram o crescimento de um movimento feminino no cenário empreendedor brasileiro, mas também ressaltar o quanto ainda há necessidade de políticas e programas que possam promover equidade de gênero nesta e em outras categorias.

LARISSA ESTELA BEREHULKA
BALAN LEAL

Larissa Estela Berehulka Balan Leal

Graduada em Administração na Faculdade Estadual de Ciências Econômicas de Apucarana (2001), especialista pela Universidade Norte do Paraná em Gestão Estratégica Empresarial (2004) e Mestre em Administração pela Universidade Estadual de Londrina (2011), com ênfase em Gestão de Negócios, com linha de pesquisa em Mulheres Empreendedoras e Redes. Atualmente, é diretora da BBL Consultoria Empresarial, empresa voltada à inteligência de mercado e estratégia para pequenos varejos. Atua também como professora universitária e professora convidada em programas de pós-graduação.

Contatos
www.bblconsultoria.com.br
larissabbl@hotmail.com
43 99125-1600

Uma visão a partir da pesquisa GEM - Global Entrepreneurship Monitor

O movimento do Empreendedorismo chegou de forma mais latente ao Brasil na década de 1990, desde então tem se tornado um agente dinamizador de mudança (NATIVIDADE, 2009). Diante dos acontecimentos da atualidade, de crises econômicas à pandemia, o empreendedorismo continua emergindo como uma alternativa para a geração de emprego e renda.

Para o SEBRAE, "A vocação empreendedora do brasileiro nunca esteve tão em alta e, nos momentos de crise, torna-se ainda mais evidente.". A perspectiva para 2020 é que o Brasil atinja o maior patamar de empreendedores iniciais dos últimos 20 anos, superando de forma consistente os números apresentados em outros períodos de recessão, como os que ocorreram entre os anos 2008-2009 e entre os anos 2014-2016. Mesmo diante do cenário de avanço da pandemia do novo coronavírus, a atividade empreendedora deve impulsionar um número de pessoas que vão buscar o empreendedorismo como uma alternativa de renda.

Dirigindo o olhar ao universo feminino e aos aspectos empreendedores, torna-se habitual identificar, nesse cenário, as dificuldades da mulher em inserir-se no mercado de trabalho e ainda a falta de disponibilidade de tempo e necessidade da conciliação entre trabalho e família. Sendo assim, o empreendedorismo foi uma maneira encontrada por muitas dessas mulheres de complementar seus rendimentos e conciliar suas demais atividades. Em muitos casos, constituem negócios até de maneira informal e sem planejamento prévio. Por outro lado, também houve negócios se constituindo não só por necessidade, mas também por oportunidade, caracterizando assim duas vertentes empreendedoras (LEAL; MACHADO, 2012).

A partir desse olhar, nota-se então um alinhamento das expectativas expressadas pelos empreendedores na última pesquisa GEM realizada em 55 países no ano de 2019, na qual as principais motivações para empreender encontram-se relacionadas a questões como: fazer a diferença no mundo, construir riqueza e alta renda, dar continuidade à tradição familiar e ainda "ganhar a vida" em função da escassez de empregos. De forma específica, os empreendedores homens (42%) enfatizaram com maior nível de concordância a motivação pela busca de maiores ganhos financeiros; já as mulheres (53%) empreendedoras estão mais propensas a fazer a diferença no mundo a partir da constituição de seus empreendimentos (GEM, 2019). Sendo assim, o cenário empreendedor vai se formatando e mostrando características pontuais que auxiliam em tomadas de decisões empresariais, políticas públicas e o próprio desenvolvimento da sociedade.

Em termos de idade, países como Paquistão, Grécia, Suécia, Suíça e Inglaterra têm os níveis mais altos de TEA (Taxa de Atividade Empreendedora Inicial) concentrados na faixa etária mais jovem, entre 18 e 24 anos. Contudo, na Coreia do Sul, Itália e Polônia, nessa mesma faixa etária se apresentam os menores índices de propensão empreendedora, apresentando comportamento semelhante aos empreendedores de faixas entre 55 e 64 anos, que de modo geral pertencem a uma fase em que se diminui a atividade empreendedora.

É possível supor que as pessoas mais jovens podem ter menos acesso a recursos, incluindo capital, conhecimento e experiência, mas por outro lado também pode-se justificar o crescimento da taxa em alguns países partindo do pressuposto de que os jovens também podem ter menos responsabilidades, incluindo dependentes, família e hipotecas e, ainda, estão mais dispostos a correr riscos para a constituição de seus negócios (GEM, 2019).

Em termos de gênero, que é a proposta central deste artigo, nota-se que mundialmente ainda há maior propensão masculina para iniciação de novos negócios, porém a participação feminina no empreendedorismo tem sido um importante objetivo político em muitos países, que vêm incluindo a adoção de políticas para apoiar mulheres empreendedoras, como é o exemplo do Canadá, Alemanha e Irlanda. Porém, vale destacar que países como Paquistão, Japão, Itália e norte da Macedônia possuem os níveis mais baixos de empreendedorismo feminino mundiais.

Ainda assim, é possível notar a existência de países em que as barreiras existentes no empreendedorismo por mulheres já começam a ser superadas e apresentam taxas mais proporcionais, como é o caso da Arábia Saudita, Madagascar e Catar. As taxas femininas são mais altas no Equador (34%) e no Chile (32%). A região da América Latina e a do Caribe têm as cinco maiores taxas de mulheres em estágio inicial de empreendedorismo da pesquisa GEM.

De modo geral, verifica-se, portanto, que o empreendedorismo tem se apresentado de forma dinâmica e, principalmente, gerando abertura para que o empreendedorismo por mulheres tenha maior aceitação, possibilidades e equidade. Nesse sentido, busca-se, na sequência, apresentar o cenário brasileiro e a atividade feminina em alguns segmentos a fim de gerar percepção aos leitores sobre a presença e o empoderamento feminino no cenário de negócios, contribuindo pela busca de uma sociedade e cenário empresarial com mais igualdade e oportunidades.

O Brasil e suas mulheres empreendedoras

Nos últimos anos, foi notório o aumento de negócios constituídos por mulheres no Brasil. Estudiosos da área como Machado, Gimenez e Silveira, entre outros, buscaram, por meio de suas pesquisas acadêmicas, apresentar dados que pudessem servir como subsídios para mudanças de valores, atitudes e políticas nesse universo particular que envolve o empreendedorismo feminino brasileiro. É importante ressaltar que o empreendedorismo por mulheres não surge apenas como forma de complementar a renda familiar, mas também ressalta o papel da mulher empreendedora e as identidades que são formadas a partir desse contexto (MACHADO, 2009).

Quanto ao cenário brasileiro, em 2018, os homens apresentaram um percentual de 6,1% superior às mulheres em termos de empreendedorismo estabelecido. Ainda assim, os números totalizavam cerca de 23,8 milhões de empreendedoras brasileiras. Em 2019, o Brasil apresentou taxas extremamente proporcionais entre homens e mulheres, resultando em um percentual entre 23 e 24%, aproximadamente, de atividade empreendedora, conforme se pode constatar no gráfico da página seguinte.

Buscando destacar os motivos para empreender das mulheres brasileiras, é possível identificar menção na revisão de bibliografia de fatores como: alcançar a flexibilidade para conciliar trabalho e família, transição de emprego, reentrada no mercado, necessidade de realização e a frustração em empregos anteriores (LEAL, MACHADO, 2012). Já o SEBRAE (2020) aponta dados da pesquisa GEM (2019), evidenciando que mulheres, pessoas negras e na faixa etária de 34 e 55 anos têm como principal motivação para empreender questões relacionadas à escassez de emprego.

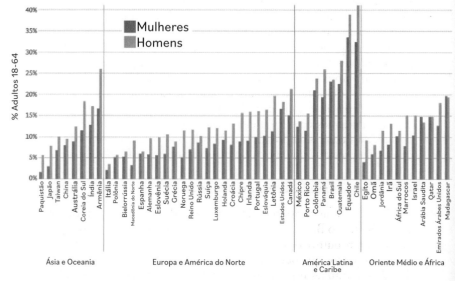

Fonte: GEM (2019, p.56).

Na última publicação feita por Gimenez (2020), o autor enfatiza essa questão sobre o modo de empreender da mulher, como as barreiras enfrentadas em termos de acesso a capital, conciliar carreira e família, o acúmulo de atividades empresariais com as atividades do lar, como mães ou esposas, que são demandas sociais e culturais mais inerentes à mulher do que ao homem, e também a dificuldade de sucessoras darem continuidade aos negócios familiares.

Em relação à forma de conduzir a gestão das empresas, Machado (2009) já apontava diferenças no estilo gerencial entre homens e mulheres, que, com o passar dos anos, tornaram-se cada vez mais evidentes no tocante a constituir sistemas de gestão mais participativos e também voltados a compartilhamento de informações.

Quanto à formação e ao nível educacional das empreendedoras brasileiras, também emergiram estudos que apontaram a relação da educação empresarial e experiências anteriores como fatores que podem influenciar no sucesso na condução dos negócios (LEAL, MACHADO, 2012).

Outro ponto relevante a ser mencionado está ligado aos segmentos e porte de negócio. Machado (1999) apontou como característica a predominância de constituição de pequenos negócios. É possível identificar pesquisas realizadas em diferentes segmentos em que a mulher empreendedora está presente, como o estudo de Havreluck et al. (2016), no segmento de estética, Gomes et al. (2013) e Albuquerque e Leal (2015), com mulheres feirantes. Mais recentemente, Asso e Leal (2020, no prelo) pesquisaram sobre as empreendedoras inseridas em empreendimentos de consultoria de imagem via Instagram. Enfim, há uma infinidade de pesquisas buscando apontar características e modelos de gestão utilizados por empreendedoras em segmentos e regiões distintas do Brasil.

Por fim, a última característica a ser ressaltada é o fenômeno de formação de redes de negócios por empreendedoras, considerado por estudiosos da área um meio de desenvolvimento para empreendedores e para suas empresas. A formação e a inserção em redes são estratégias utilizadas por empreendedoras brasileiras como alternativa para superação de obstáculos e obtenção de recursos. Já quanto aos efeitos da participação das empreendedoras nesse tipo de rede, constata-se aumento de visibilidade, crescimento do respeito profissional, ampliação dos contatos e do conhecimento gerencial, em estudo conduzido por Leal e Machado (2012) com redes de mulheres de negócios no estado do Paraná.

Dessa forma, a busca deste artigo não consistiu apenas em gerar uma visão sobre as diferenças ou tentar comparar desempenhos entre homens e mulheres brasileiros, mas sim apontar a trajetória feminina em termos de empoderamento de posições e constituição de identidades em um cenário predominantemente masculino, conforme a própria história e o senso comum contam, mas também as pesquisas acadêmicas apontam. Como fechamento, busca-se promover uma reflexão nos leitores, apresentando aspectos que demonstram o crescimento de um movimento, mas também ressaltar o quanto ainda há necessidade de políticas e programas que possam promover equidade de gênero nesta e em outras categorias.

Referências

ASSO, A.C.; LEAL, L. E. B.B. O *boom* da Pantone! Um estudo sobre o crescimento da área de consultoria de imagem em mídias sociais. *VIII Simpósio Internacional de Gestão de Projetos, Inovação e Sustentabilidade-São Paulo/SP*. No prelo.

GEM (GLOBAL ENTREPRENEURSHIP MONITOR). *Global Report 2019/2020*. Disponível em: <http://www.ibqp.org.br/gem/download/>. Acesso em: 10 jun. 2020.

GIMENEZ, F. A. P. *Empreendedorismo e pequenas empresas: coisas que você não vai ler em livros universitários ou de autoajuda*. Curitiba, 2020.

GOMES, SILVA, SANTOS, SANTANA, S. Perfil socioeconômico de mulheres feirantes: um estudo no interior baiano. *IV Encontro de Administração Política*, p. 1–16, 2013.

HAVRELUCK, B. F. V.; LEAL, L. E. B. B.; BERTOLAZO, I. N.; & DELBEN, A. C. (2016). Oportunidade ou Necessidade? Um Estudo sobre Mulheres Empreendedoras no Segmento de Estética na Cidade de Apucarana/PR. *V Simpósio Internacional de Gestão de Projetos, Inovação e Sustentabilidade – São Paulo/SP*.

LEAL, L. E. B. B.; SILVA, N. A. N.; & BERTOLAZO, I. N. Da banana ao pão: um estudo sobre mulheres feirantes e empreendedorismo. *IV Simpósio Internacional de Gestão de Projetos, Inovação e Sustentabilidade – São Paulo/SP*.

LEAL, L. E. B.; MACHADO, H.V. (2012). Efeitos da participação de empreendedoras em associações de mulheres de negócios no estado do Paraná. *Redes* (Santa Cruz do Sul), 17 (1): 217-231.

MACHADO, H. V. Tendências do comportamento gerencial da mulher empreendedora. *Encontro Nacional de Pós-graduação em Administração ENANPAD*. Foz do Iguaçu, 1999.

MACHADO, H. V. *Identidade de mulheres empreendedoras*. Maringá: Eduem, 2009.

NATIVIDADE; D. R. Empreendedorismo feminino no Brasil: políticas públicas sob análise. *Revista de Administração Pública*, v. 43, n. 1, p. 231-256, Jan./fev. 2009.

SEBRAE. *Brasil deve atingir marca histórica de empreendedorismo em 2020*. Disponível em: <http://www.pe.agenciasebrae.com.br/sites/asn/uf/PE/brasil-deve-atingir-marca-historica-de-empreendedorismo-em-2020>. Acesso em: 29 de jun. de 2020.

12

A HISTÓRIA DO *COACHING* APLICADO À INFÂNCIA

Neste capítulo conto como criei o Método CoRE KidCoaching, minhas motivações, em que se basearam minhas pesquisas e de que maneira atuo desde 2015 transformando famílias, escolas e gerações.

MARCIA BELMIRO

Marcia Belmiro

Sou fundadora e diretora técnica do Instituto de Crescimento Infantojuvenil e do European Infant Grow Institute. Tenho graduação em Psicologia, especialização em Recursos Humanos pelo IBRAE – FGV, especialização em Personal Life Coaching e Executive Coaching e especialização em Neurociências pelo Instituto de Psiquiatria da UFRJ. Sou *master coach* pelo Behavioral Coaching Institute. Atuando há 38 anos nas áreas de Educação, Clínica Psicológica, Recursos Humanos e *Coaching*, formei mais de 3 mil *coaches* e desenvolvi mais de 10 mil líderes. Sou, também, criadora do Método CoRE KidCoaching e cocriadora do Método GrowCoaching.

Contatos
www.institutoinfantojuvenil.com.br
contato@icij.com.br
21 2288-2571
21 99991-4266

Em meio a tanta informação na internet sobre como criar e educar as crianças; em meio a tantos cursos para preparar pais e educadores para a sublime missão de desenvolver de forma sadia filhos e alunos; em meio a tantos fóruns, debates, *lives*, mesas-redondas virtuais e presenciais sobre o que se deve ou não fazer para que as crianças se tornem melhores adultos, aparece o *coaching*!

Coaching, tal como se apresenta para a maioria, significa um tipo de abordagem com base em método, técnicas e ferramentas que auxilia adultos a encontrar respostas no âmbito pessoal (como, por exemplo, conseguir um namorado, emagrecer, estabelecer melhor relacionamento em casa), mas principalmente auxilia nas questões profissionais, tais como conseguir crescer na carreira, planejar-se para ter contato com um cliente, preparar-se para uma apresentação, para ser um líder diferenciado, para desenvolver equipes ou encontrar sua melhor forma de lograr bons resultados em uma dinâmica de emprego. Diante desse entendimento sobre o que é o *coaching* e a que tipo de situações ele pode ser aplicado, associar *coaching* e criança em uma mesma frase pode gerar desconforto e até certo incômodo.

Coaching para crianças, como assim?

É a pergunta que eu mais escuto. As pessoas que me fazem esse questionamento normalmente já tiveram algum contato com o *coaching* – porque fizeram uma formação em *coaching*, passaram por um processo de *coaching* na empresa ou leram sobre o tema nos milhares de sites disponíveis na web – e, assim, se surpreendem com a associação entre *coaching* e criança. E é aí que começa essa história do *coaching* aplicado à infância.

De fato, o *coaching* vem construindo uma história no Brasil há poucas décadas, e se estabeleceu como forte aliado empresarial na melhoria da performance de líderes, executivos e equipes. Foi assim que começou a suscitar, em muitos *coaches*, o interesse em atender a demanda familiar, com base nos bons resultados que esses *coaches* conquistaram dentro da própria casa, ao estabelecerem uma abordagem *coaching* no diálogo com seus filhos e cônjuges. Mas na onda das boas intenções, acabamos assistindo ao uso inadequado do *coaching* para o desenvolvimento infantil. Alguns *coaches*, ávidos por contribuir com o universo infantil e percebendo aí um enorme filão financeiro, acabaram aplicando – desavisadamente – o *coaching* em crianças usando técnicas de adultos adaptadas em seu design com motivos infantis, mas mantendo a prerrogativa da "melhoria de performance" nos estudos, na escolinha de futebol, ou até com a intenção de adestrar o comportamento infantil, de modo a formar crianças disciplinadas e "exemplares".

A maioria desses profissionais conduziu o *coaching* de crianças como se estivesse lidando com miniadultos, desconsiderando que o cérebro infantil tem um funcionamento distinto e que, ao aplicar técnicas como, por exemplo, a Roda da Vida (ainda que desenhada com temática infantil), não há retorno, entendimento nem tomada de decisão, porque a criança não se identifica com esse tipo de proposta. E mais que isso, ela não tem prontidão neurológica para construir análises, tampouco é capaz de formar conclusões ou tomar decisões conforme a lógica do adulto – algo que só a maturação do neocórtex vai trazer com os anos.

Em 2015, iniciei uma busca do que estava sendo feito em outros países nessa associação entre *coaching* e infância e, confesso, não gostei nem um pouco do que vi, em especial nos Estados Unidos e no Reino Unido. As propostas de uso do *coaching* aplicado a crianças estavam exatamente na rota do que relatei. E, sob o meu ponto de vista, não faz sentido utilizar qualquer abordagem que tire a criança de sua necessária infância. Ao preconizar métodos, procedimentos, protocolos ou simples abordagens com crianças, há de se considerar a realidade infantil, sua essência, seu particular processo de desenvolvimento psíquico e social, as problemáticas de rotina que se inserem nas relações em família, com seus colegas de escola e consigo mesmas.

Então a minha questão passou a ser: o que se pode extrair do *coaching* para a casa e para a escola? Concluí que não se tratava das técnicas, nem das ferramentas ou das finalidades que o *coaching* havia se proposto abranger até então. Mas identifiquei, com absoluta clareza, que a forma de comunicação que o *coaching* traz – baseada na maiêutica socrática, de modo que perguntas conduzem o interlocutor à descoberta de sua própria verdade, de suas melhores respostas, e o instigam à tomada de decisões balizadas em seus principais valores (em congruência com o bem-estar coletivo) – poderia, sim, ser apropriada na relação pais-filho e professor-aluno.

Além do aspecto comunicacional, seis princípios – que exponho a seguir – tornam o *coaching* um grande aliado na reconexão de sistemas familiares e na reestruturação e reconfiguração em sala de aula, viabilizando e acelerando o processo ensino-aprendizagem. Associei ainda a esses princípios os processos comunicacionais de cunho perguntativo; os muitos conceitos, estudos e pesquisas da psicologia clássica sobre o desenvolvimento infantil com sustentação na psicanálise, na teoria cognitivo-comportamental (TCC) e na gestalt, para instituir, a partir daí, um método. Somei ainda descobertas recentes das neurociências e da psicologia nada clássica de autores contemporâneos que constituem os preceitos da psicologia positiva, encabeçada por Martin Seligman.

Seis princípios do *coaching*

Princípio 1: construir um objetivo claro a ser atingido

Esse objetivo deve ser específico, mensurável, alcançável, relevante e temporizável. Ou seja, há uma clara definição de aonde se quer chegar, de modo que esse ponto seja diferente do ponto no qual a família ou a classe de alunos se encontra no momento.

Esse princípio traz muita rapidez de resultados aos atendimentos de famílias e escolas, porque a partir dele se pode ter clareza sobre para onde se quer caminhar. Mas isso, por si só, não traria efetividade se eu não tomasse emprestado da gestalt-terapia todas as práticas de terapia familiar em que esse objetivo é estabelecido necessariamente em conjunto – criança e responsáveis –, com a mediação de um profissional treinado no Método CoRE KidCoaching.

Princípio 2: não julgar e não dizer à criança o que deve ser feito

O julgamento não leva crianças nem famílias à mudança. O sistema familiar, como todo e qualquer sistema humano, se constitui dentro do que lhe foi possível – em função do *status* individual de cada sujeito naquele momento específico, das condições ambientais, dos recursos internos de cada um e dos recursos disponíveis no seu entorno. Com base nessas condições únicas de cada sistema, este se sustenta. Julgar não cabe, não ajuda em nada. Julgar pai, mãe, criança ou professor não altera em nada as condições nas quais aquele determinado sistema se apresenta e se mantém. Para alterar o sistema que se autossustenta e no qual cada elemento, à sua maneira, se beneficia, a mediação e o distanciamento dos padrões de certo e errado, bom e mau vão contribuir para a revisão e reestruturação desse sistema. Se a atitude de quem pretende ajudar for o julgamento, inevitavelmente logo será feita uma recomendação, sugestão ou orientação expressa a ser seguida. Na prática, sugestões e orientações sobre o que a família, o professor e a criança devem ou não fazer não se mostram eficazes, à medida que as soluções que funcionaram para um sistema (que tem características exclusivas) são eficazes exclusivamente para esse determinado sistema. A grande contribuição das abordagens *coaching* e gestalt, aqui aplicadas, é auxiliar os indivíduos desse sistema a encontrar dentro de suas condições, características e estilos o que vai funcionar para que seus objetivos sejam atingidos.

Princípio 3: ajudar a criança a encontrar suas melhores respostas

Com base nos estudos e pesquisas da psicolinguística, pude dar sustentabilidade a esse princípio do *coaching*, que preconiza o uso das chamadas boas perguntas. É por meio de perguntas bem estruturadas que pais, professores, educadores e KidCoaches podem fazer com que a criança pense, analise e descubra a melhor resposta frente às situações que esteja vivendo.

As boas perguntas têm as seguintes características:

- clareza, diretividade e respeito à evolução do vocabulário da criança;
- abordam apenas um tema específico de cada vez;
- são formuladas de maneira aberta, com o uso de expressões como "o quê?", "qual?" e "como?"; ou de maneira fechada, com expressões do tipo "quanto?", "quem?" e "quando?", em função do que se quer alcançar naquele diálogo;
- não são óbvias, mas sim bem colocadas, de forma que a criança consiga acessar e compreender suas questões internas.

Princípio 4: desenvolver as habilidades que faltem na criança

O que o *coaching* traz de inovador nesse princípio é o uso de diversas técnicas e ferramentas para auxiliar no processo de desenvolvimento. E nesse ponto, mais uma vez, fui buscar auxílio na psicologia infantil, na ludoterapia, nos testes projetivos e nas ferramentas e técnicas criadas pela TCC, de modo a ter o entendimento necessário para criar instrumentos que realmente facilitem a aproximação com a criança e o seu universo.

Esse princípio constitui um aparato de novas ferramentas para que pais, professores e profissionais que trabalham com crianças consigam acessar os pensamentos e sentimentos dos pequenos, com o objetivo de potencializar seus melhores recursos pessoais e experimentar novas atitudes no desenvolvimento de habilidades socioemocionais de relacionamento, comunicação, empatia, convívio social, posicionamento frente aos demais, entre outras, tanto em casa quanto na convivência escolar.

Princípio 5: romper crenças e esquemas desadaptativos que estejam limitando a criança a atingir seu objetivo

As crenças limitantes aparecem já na infância e podem ter efeitos devastadores por toda a vida. Esse tipo de crença se sustenta em evidências que a criança cria, mesmo sem se dar conta, quando se vê em uma situação parecida com aquela que a gerou. A teoria cognitivo-comportamental em muito contribui para a aplicação de ferramentas em que as crenças autolimitantes dão lugar a pensamentos alavancadores, e novas atitudes são tomadas frente às situações antes assustadoras.

Princípio 6: gerar autorresponsabilidade

Essa é uma premissa para o sucesso do processo de *coaching*: gerar comprometimento da criança pela própria vida e por suas ações. Não estamos falando de culpa, nem tampouco de permitir que a criança faça tudo o que quiser, mas, sim, de levar a criança a tomar as rédeas de sua vida nas mãos e ser capaz de perceber os impactos das próprias ações à sua volta; e, assim, apropriar-se como a principal responsável por seus sucessos ou insucessos – o que traz um grande poder para a criança. É possível levá-la a compreender e sentir que há maneiras de obter novos resultados em sua vida, desde que revisite seus pensamentos, restaure sua autoconfiança e, ao analisar suas atitudes, decida por alterá-las. É, portanto, nesse encontro dos princípios do *coaching* com a psicologia que se torna viável constituir um método tanto útil quanto efetivo para fazer frente às infindáveis questões contemporâneas que se apresentam nas relações existentes em uma sociedade pós-moderna.

Considero que um pai, uma mãe, um professor ou um *coach* infantil esteja mais bem preparado em suas atribuições não apenas ao fazer uma formação tradicional em *coaching*, mas ao conhecer o desenvolvimento psíquico e as fases naturais de evolução do sistema egoico da criança – como muito bem nos elucida a psicanálise; e, também, ao compreender, por meio da teoria cognitivo-comportamental, a importância de se caminhar na direção do que se quer ter a partir de então – a despeito do passado já vivido –, podendo modificar sua forma de agir e obter novos resultados na vida a qualquer tempo; e, ainda, ao absorver da gestalt o espetacular conceito de "aqui e agora", numa vivência plena do presente, de sensações, pensamentos e emoções dentro da perspectiva de *awareness* (presença plena). É dessa forma que, desde 2015, o Método CoRE KidCoaching vem tendo uma contribuição na reconexão de milhares de famílias e na restauração de centenas de escolas no Brasil e no mundo.

13

RELEMBRANDO MOMENTOS DE CONVIVÊNCIA E APRENDENDO A EXERCITAR A EMPATIA

Este capítulo tem como objetivo contribuir para a reflexão sobre a importância de cultivarmos relacionamentos saudáveis e empáticos com as pessoas que são próximas a nós, para que tenhamos boas lembranças com relação a elas e vice-versa.

MARIA HELENA LOBÃO

Maria Helena Lobão

Psicóloga formada pela PUC-MG, em Belo Horizonte, em 2005. Possui formação em Coaching Vocacional pelo Instituto Maurício Sampaio e curso de Orientação Profissional, ministrado pela empresa Consultar Gestão de Pessoas. Coautora do livro *Contos que Curam*, publicado pela Literare Books International em 2019.

Contatos
lobaomariahelena@gmail.com
31 99464-5237

A vida é um ciclo. Nascemos, crescemos, envelhecemos e depois morremos. Alguns morrem muito cedo. Outros vivem até uma certa idade depois de adultos. Outros vivem por muitos anos após a velhice. Assim, é difícil nos conformarmos com a perda de pessoas que amamos e com as quais convivemos mais intimamente, cuja morte tenha ocorrido por motivo de doença, acidentes naturais ou por imprudência, negligência ou atos criminosos de outras pessoas, deixando, muitas vezes, filhos órfãos e famílias destruídas.

Perdi um tio e uma tia, irmãos do meu pai, alguns dias após o Carnaval de 2020. Meu tio iria completar 87 anos no mês seguinte à sua morte e minha tia completaria 89 anos dois meses depois. Além dessa tia, tem a mais velha de todos, que estava com 94 anos nessa época. Minha tia e meu tio que faleceram eram, respectivamente, a segunda e o terceiro de cinco irmãos.

Meu tio sofria com um câncer de próstata há vários anos. Ele fez tratamento e ficou internado no hospital por diversas vezes. Era casado, tinha filhos e netos. Minha tia também era casada, tinha filhos, netos e bisnetos. Embora tivesse alguns problemas de saúde, como problemas cardíacos e trombose, ela estava vivendo bem. Alguns anos antes, ela caiu na rua e quebrou o fêmur. Ficou internada e, após sair do hospital, começou a andar com ajuda de andador. Por fim, só usava bengala. Ficamos surpresos com a rápida recuperação dela.

Meu tio faleceu na noite de quinta-feira depois do Carnaval. Durante o velório, na sexta-feira, a irmã dele passou mal e, no dia seguinte, foi internada no hospital, onde sofreu algumas paradas cardíacas e acabou falecendo no domingo. Apesar de morar em outra cidade, eu estava na casa do meu pai, pois tinha ido para o velório do meu tio e passei o resto da semana lá. A minha sobrinha tinha recebido, pelo celular, a notícia do falecimento da minha tia e avisou a mim e ao meu irmão. Como já era tarde da noite, decidimos contar para o meu pai só no dia seguinte. E também deveríamos contar para a irmã mais velha deles, que mora no mesmo lote em que o meu pai mora.

Meu irmão falou para o nosso pai sobre a morte de nossa tia logo cedo, depois que se levantou. E dissemos a ele que ainda não havíamos contado para a nossa tia mais velha. Sabíamos que naquela segunda-feira ela tinha consulta com uma médica endocrinologista e que estava marcada para as 9 horas da manhã. Meu irmão iria levá-la de carro e eu me propus a ir junto. Meu pai achou que seria melhor contarmos para ela durante a consulta com a médica. Como não sabíamos qual seria a reação dela ao receber a notícia, acreditávamos que, caso ela passasse mal, um médico poderia adotar providências mais rápidas e adequadas à situação.

Pensei em contar a ela durante o trajeto para a clínica, mas não tive coragem. Quando a médica chegou na clínica, meu irmão foi falar com a recepcionista. A médica estava na recepção e, antes que ela chamasse a minha tia, eu me levantei da cadeira e fui conversar com ela. Disse que a minha outra tia tinha falecido e ela não estava sabendo. A médica, surpresa, disse: "E vocês querem contar para ela aqui na consulta?". Eu respondi: "Então depois da consulta você me chama e aí nós falamos para ela". E assim ficou combinado. Combinamos de contar a ela no fim da consulta.

Alguns minutos após a minha tia ter entrado, a médica chamou a mim e ao meu irmão. Nós entramos. A médica falou para minha tia: "A senhora disse que está com uma irmã internada. A senhora tem notícias dela?". A médica olhou para mim, dando uma piscada de olho.

Minha tia respondeu: "A última notícia que tenho é que o quadro dela é estável. Não tive mais notícia". Então, eu disse: "Tia, ela não resistiu. Ela faleceu." E meus olhos encheram-se de lágrimas.

Minha tia exclamou: "Faleceu!?".

Mas a sua reação foi tranquila. Ela não se desesperou, aceitou o fato. Eu e meu irmão saímos do consultório da médica aliviados e agradecidos.

Raramente temos a oportunidade de comunicar a alguém o falecimento de um ente querido na presença de um médico, que poderá agir imediatamente, caso a pessoa comece a passar mal em decorrência da notícia recebida, receitando alguma medicação, ou encaminhando-a a um hospital. Porém, mesmo não tendo um profissional da saúde por perto, podemos fazer a comunicação de forma leve e cuidadosa, respeitando e acolhendo os sentimentos da pessoa diante da notícia.

É bom ressaltar, também, a importância de se permitir que a pessoa vivencie o luto; que ela possa chorar e, ao mesmo tempo, sentir-se compreendida em sua dor; que lhe seja permitido sentir e expressar sua tristeza. Só depois de passar por essa experiência é que a pessoa poderá, aos poucos, superar a perda e retomar as suas atividades do dia a dia, dando continuidade à sua vida.

***

Quando eu tinha oito anos, uma tia minha, irmã de minha mãe, foi assassinada. Ela possuía cerca de vinte e seis anos, era casada e tinha um casal de filhos. Além disso, estava no oitavo mês de gravidez de uma menina. O motivo do crime foi que o meu avô materno comprou um lote ao lado do lote onde essa minha tia morava, junto com o marido e os filhos. No entanto, o lote que o meu avô comprou já havia sido vendido anteriormente ao assassino de minha tia, que não registrou a compra do lote. Ao comprar o lote, nem o meu avô, nem a minha tia e o seu marido sabiam da venda anterior. Então, conforme foi comentado na época, o assassino tinha intenção de matar o vendedor do lote, mas este ficou sabendo disso e fugiu. Então o comprador do lote foi até a casa onde minha tia morava e atirou no marido dela. Ao tentar defendê-lo, minha tia também foi atingida. Ela morreu no local e o marido dela sobreviveu, mas ficou com sequelas. Uma das balas do revólver ficou alojada em sua cabeça. Ele casou-se novamente, mas alguns anos depois também faleceu.

A minha prima, que à época do falecimento de sua mãe tinha cerca de dois anos, foi criada em outra cidade próxima, por um tio materno e sua esposa, que tinham uma filha já na pré-adolescência. O meu primo, com quatro anos, foi criado inicialmente pela sua avó paterna e uma tia. Depois, ele foi morar com nossos avós maternos.

No dia do falecimento de minha tia, eu e minha família fomos ao necrotério do hospital. Vimos o bebezinho, uma menina, que nasceria no mês seguinte e que não sobreviveu. Depois que saí daquela sala, olhei para o interior da sala ao lado e vi o corpo de minha tia, coberto por um lençol. Fiquei muito abalada e não conseguia dormir. Todo o meu corpo tremia. Fizeram um chá de funcho para eu tomar, mas não adiantou. Então me deram leite quente. Foi assim que eu parei de tremer e consegui dormir naquela noite. Algum tempo atrás, eu estava na casa do meu pai e minha prima foi visitá-lo. Ela lhe disse que gostaria de visitar o local onde havia morado e onde sua mãe foi assassinada. Meus olhos encheram-se de lágrimas e eu fiquei pensando em como ela conseguia falar daquilo friamente, sem demonstrar nenhuma comoção. Em seguida, pensei: "Ela tinha somente dois anos de idade quando sua mãe faleceu. Por isso não guarda lembranças daquela época". Diversos autores, especialmente os da abordagem psicanalítica, falam da importância dos primeiros anos de vida da criança. No primeiro ano de vida, o vínculo mais forte da criança é com a sua mãe, que, após gestá-la por nove meses, passa a amamentar, trocar fraldas, dar banho, ninar e conversar. O pai da criança e outras pessoas próximas podem e devem ajudar a mãe nessas funções, mas a presença da mãe é muito importante para a criança. Porém, quando a mãe falta, a pessoa que assume esse papel deve procurar fazê-lo da melhor maneira, dentro de suas possibilidades.

O pediatra e psicanalista inglês Donald Woods Winnicott usava a expressão "mãe suficientemente boa" para se referir às qualidades das mães que desenvolvem com os seus bebês um relacionamento saudável. Não são mães perfeitas, são mães que também falham. Entretanto, ao atender os seus bebês em suas necessidades, elas os ajudam a desenvolver uma confiança no mundo e na vida, a passar pela dor da frustração e a superá-la. Elas contribuem para que seus filhos se tornem pessoas autônomas, que acreditam na própria capacidade de vencer os obstáculos que surgem diante de si e de serem pessoas bem-sucedidas nas diversas áreas da vida. Eu acredito que meu primo e minha prima, que perderam os pais ainda muito novos, puderam, num curto espaço de tempo, conviver com um pai e uma mãe amorosos e suficientemente bons. Depois da perda destes, encontraram tios e avós que os acolheram e deram continuidade na sua criação e educação, tornando-os pessoas boas, sensíveis e responsáveis.

***

Minha mãe faleceu alguns anos atrás, quinze dias antes de completar 72 anos de idade, devido a um melanoma (câncer de pele). Ela estava com uma pinta escura debaixo de um dos dedos do pé. Quando se consultou com uma médica dermatologista, esta receitou uma pomada, mas não pediu exame e biópsia do material. Alguns meses depois, ao consultar outro médico, acompanhada por uma vizinha, e por insistência desta, ele solicitou a biópsia. Mas o câncer já estava em grau avançado. Ela foi submetida a uma cirurgia e teve dois dedos amputados. Algum tempo depois, passou por outro procedimento para retirar os gânglios linfáticos da virilha da perna direita, para evitar que o câncer se espalhasse. Fez quimioterapia também, mas tudo isso não foi suficiente para impedir a metástase. O câncer atingiu o cérebro. Ela foi internada no hospital e acabou falecendo, cerca de quase três anos após o início da doença.

Quando minha mãe fez as duas cirurgias, minha irmã ficou como acompanhante dela. No dia em que minha mãe teve alta da primeira cirurgia, eu e meu esposo fomos buscá-las no hospital. Antes de encontrá-las, decidimos comprar cadeira de rodas, cadeira de banho e outros materiais para minha mãe usar. Por esse motivo, demoramos para chegar no hospital. Minha mãe e minha irmã ficaram esperando por muito tempo. Teria sido melhor se tivéssemos comprado tudo, ou quase tudo, com antecedência.

Minha irmã ficou tomando conta de minha mãe, cuidando para que o local da cirurgia no pé se mantivesse seco, para não infeccionar. Fazíamos suco verde para minha mãe e eu costumava colocar, no liquidificador, um dente de alho, junto com os demais ingredientes. Minha irmã não colocava alho, porque minha mãe tinha falado para ela que não se dava bem com o alho. Em um dia em que eu coloquei um dente de alho bem pequeno e pensei que a minha mãe não iria perceber, ela disse: "Você colocou alho, né?"

Algum tempo após as cirurgias, minha irmã costumava fazer caminhadas com a nossa mãe. As pessoas de nossa família não têm o hábito de se tocar, mas a minha irmã dava o braço para nossa mãe quando elas saíam. Afinal de contas, nossa mãe tinha dois dedos a menos no pé, já que tinham sido amputados os dedos anelar e mínimo de seu pé direito, durante a cirurgia. Possivelmente, essa amputação, além da retirada dos gânglios linfáticos, trouxe prejuízo ao seu equilíbrio ao andar e ficar de pé, apesar de ela não se queixar disso.

Esse pequeno relato nos faz pensar sobre a importância de estarmos receptivos para entender o outro, para ouvir e até mesmo adivinhar as suas necessidades. Como podemos ser mais empáticos com os nossos familiares e com as pessoas que estão próximas a nós? Como nos colocar em seu lugar e tentar perceber quais são os seus sentimentos e as suas necessidades? Estamos abertos para ouvi-los e entendê-los, sem querer impor o nosso desejo e a nossa opinião, de forma autoritária?

***

As três passagens contidas neste capítulo falam sobre perdas de pessoas queridas. Apesar de ser um assunto difícil de ser abordado, não devemos evitar falar sobre ele. Não podemos trazer de volta as pessoas queridas que se foram, mas sim recordar os bons momentos que passamos junto a elas. E se não conseguirmos nos lembrar desses momentos, podemos ouvir e nos lembrar das histórias que nos contam sobre elas.

Referências

ALFIERI, Francesco. *Pessoa humana e singularidade em Edith Stein*. São Paulo: Perspectiva, 2014.

ARANTES, Ana C. Q. *A morte é um dia que vale a pena viver.* Rio de Janeiro: Sextante, 2019.

KRZNARIC, Roman. *O poder da empatia.* Rio de Janeiro: Zahar, 2015.

WINNICOTT, Donald W. *Os bebês e suas mães.* São Paulo: WMF Martins Fontes, 4. ed., 2013.

WINNICOTT, Donald W. *A família e o desenvolvimento individual.* São Paulo: WMF Martins Fontes, 4. ed., 2011.

WINNICOTT, Donald W. *A criança e o seu mundo.* Rio de Janeiro: LTC, 6. ed., 1978.

14

VIVENDO SUA ESSÊNCIA

Este capítulo, fala sobre minha experiência, minha busca espiritual, o encontro com minha essência, que trouxe harmonia e a certeza de estar na minha missão de vida. Aqui, descrevo técnicas simples, ensino banhos e visualizações. Muitas pessoas deixam de praticar a espiritualidade por medo do julgamento do outro e de si mesmo. Faço um convite para que você a coloque em prática. Assim terá a oportunidade de ouvir a mensagem de sua alma, seus verdadeiros desejos, facilitando sua trajetória e tomando decisões assertivas.

NADIA ZADOROJUOI

Nadia Zadorojuoi

Arquiteta por formação, perfumista e *coach* holística, artesã em Saboaria Vibracional e Fitoterápica, consteladora familiar e taróloga. Desde muito criança, me interessava por assuntos relacionados à espiritualidade e sempre busquei mais sobre o tema, colocando em prática tudo o que aprendia, desenvolvendo cada vez mais minha mediunidade. Formada em Arquitetura, busquei um curso de Feng Shui para aliar à minha profissão, então descobri a Escola Esotérica e percebi como aqueles assuntos esotéricos, holísticos e espirituais eram familiares para mim, especialmente a arte de criar perfumes – alquimia. Então criei a Linha de Sprays Deusa da Floresta, para cuidar da energia de Nossas Casas, os sabonetes artesanais fitoterápicos e os Perfumes Mágicos Personalizados, aliando o poder das ervas, flores, cristais e ciclos lunares, trazendo a energia da Natureza para nossas vidas e alinhando corpo, mente e espírito!

Contatos
www.nadjazadorojuoi.com.br
Instagram: @ciganadja / @nz.alquimia
11 942191963

Sou grata por estar aqui com você. Quando escolhi este título, foi um dia em que caminhava pela praia, pensando no assunto que iria compartilhar – talvez o fato de ser perfumista tenha trazido a palavra *essência*.

Foi uma longa caminhada até chegar aqui. Sou arquiteta por formação, perfumista, *coach* holística, taróloga e consteladora familiar. Até pouco tempo, eu me preocupava com rótulos e títulos, com o julgamento das pessoas e tinha o desejo de ser reconhecida em tudo que eu fizesse. Foram anos de terapia, autoconhecimento, cursos e palestras.

Desde criança, tive muito interesse pelo assunto da espiritualidade. Venho de família espírita, frequentava o centro com minha mãe, mas tinha um pouco de medo quando assistia as reuniões e achava chato, sentia um vazio, estava sempre buscando por uma explicação para a vida, a morte, vidas passadas. Perguntava muita coisa para minha mãe, mas as respostas não me satisfaziam, não me sentia encaixada no mundo. Fui trabalhar cedo – aos 14 anos – como auxiliar de escritório e, posteriormente, como secretária. Fiz um semestre de psicologia e um de sociologia, porém desisti de ambos. Continuei trabalhando como secretária, mudando poucas vezes de empresa.

Nesse período, conheci um jovem bonito e inteligente, logo nos apaixonamos. Em um ano ficamos noivos e casamos. Tivemos nossa primeira filha e, três anos depois, um filho. Deixei de lado minha busca pela carreira profissional e me dediquei inteiramente à família. Era feliz, tinha muitas atividades relacionadas à maternidade e à casa, mas continuava a suspirar pelos cantos, sentindo falta de algo. Aos 40 anos, resolvi fazer Arquitetura. Foi uma época desafiante na minha vida, me achava velha e estava desatualizada, não tinha habilidades com internet e com desenho, mas tinha dom para decoração e era muito criativa. Tenho espírito jovial e logo me adaptei ao grupo dos jovens, aprendi muito com eles. Foram 5 anos de muito aprendizado. Me formei e consegui um trabalho na Prefeitura de São Paulo, mas só então percebi que ainda tinha insegurança para atuar. Acabei ficando no mesmo lugar em que estava, cuidando da casa e da família. Meu interesse pela espiritualidade continuava, eu sentia que tinha algo para fazer, mas não sabia o que era. Foi quando ingressei em uma escola esotérica para fazer um curso de *Feng Shui* – achei que seria um complemento interessante para a minha formação. Fiquei deslumbrada e fiz todos os cursos. Baralho Cigano, Reiki, Magia Natural, Anjos, florais, terapias holísticas. Comecei então a atender algumas pessoas com o Baralho Cigano e minha busca continuava. Eu pensava: *estudei tanto, fiz arquitetura, tenho de fazer mais do que isso*. Sentia também uma necessidade de ajudar as pessoas e, nos atendimentos, me sentia preenchida. Conheci um grupo de estudos sobre a cultura e espiritualidade cigana. Aprendi muito nesse período. Essa época foi muito intensa na minha vida, me dedicava muito aos eventos que ocorriam no espaço. Comecei a trabalhar em feiras místicas, fiz um *workshop* sobre perfume mágico e comecei a desenvolver os perfumes, que levava nos atendimentos e doava. Os clientes gostavam e percebiam o efeito vibracional, mas mesmo assim ainda era pouco para mim.

Continuei buscando. Fazia cursos, atendia de vez em quando, cuidava da casa, dos assuntos familiares. Foi quando algo na minha vida particular aconteceu: estava casada há 25 anos e houve uma ruptura, buscamos caminhos diferentes e decidimos nos separar. Como toda separação, trouxe muita tristeza e questionamentos. Até então, eu acreditava no "até que a morte os separe". Fui muito feliz e realizamos muitas conquistas juntos, mas acabamos seguindo caminhos diferentes e hoje somos bons amigos.

Então começou uma nova fase na minha vida. Vou contar sobre algumas das estratégias que aprendi, as quais me trouxeram paz, prosperidade e realização. No início, era muita tristeza, depressão e decepção comigo mesma. Em busca de respostas, decidi colocar em prática o que sabia. Comecei atender com Reiki, baralho cigano e aromaterapia. Fazia esses atendimentos em casa, para poucas pessoas. Contudo, sentia que também não estava pronta, e fiz vários cartões: terapeuta holística, consultora holística, consultora de *feng shui*, oraculista. Cada lugar que eu visitava, levava o cartão de acordo. Todavia, eu não estava ainda em contato com minha verdadeira essência, me preocupava com o julgamento do outro. Como forma de espantar a tristeza, fui fazer aula de dança cigana e sou muito grata a essa cultura. Acredito que minha "cura" começou com a dança. Os movimentos e elementos contidos na dança cigana têm muito significado. A saia, o leque, o punhal e o xale limpam e purificam nossa energia. Você se sente leve.

Comecei a fazer um curso de aromaterapia que foi outro grande benefício na minha vida. A cura pela natureza, contida nos óleos essenciais, me ajudou muito. Na sequência, aprendi sobre perfumes naturais e perfumaria sintética. Percebi que precisava agregar algo aos atendimentos, então descobri a Constelação Familiar e fiz um curso de *Coach* Estrutural Sistêmico. Aprendia muito, mas sempre que colocava em prática eu fazia diferente, acrescentava uma técnica de meditação e visualizações e o cliente sentia-se renovado. Passei a me apresentar como *coach* holística e, quando fui verdadeira comigo, me reconhecendo, tudo começou a fluir. Eu acreditava na minha intuição e atendia cada pessoa de forma personalizada. Passei a receber muitos elogios de todos que passavam no atendimento holístico, mas estava sempre atenta para não cair nas armadilhas da vaidade e do ego. A minha preocupação era ajudar a pessoa a transformar suas dores e tristezas em bem-estar e harmonia, trazer o entendimento de que o poder para a mudança está dentro de nós, que existe um Fluxo Energético de amor e prosperidade no Universo, e que para estarmos dentro dele e atrair o melhor, precisamos de práticas. Eu perdia muito tempo preocupada com o modo como iria elaborar esse trabalho, para que não fosse mal interpretada, mas quando comecei a trabalhar em feiras, eventos místicos e esotéricos, pude ver a necessidade das pessoas nessa busca pelo autoconhecimento, fé e espiritualidade.

Durante esses 20 anos buscando e estudando, pude perceber que as transformações efetivas na minha vida começaram a acontecer quando coloquei minhas prioridades em primeiro lugar e exerci o amor próprio, encarei a realidade e a minha verdadeira estória. Realizei-me profissionalmente, conheci pessoas maravilhosas, minha saúde física e a mental ficaram mais equilibradas, aprendi a perceber as energias intrusas na minha vida que tiravam meu foco, aprendi a estar no presente e entendi que, quando acontecia alguma situação ruim, na maioria das vezes era para o meu melhor. Consegui sair da zona de conforto, contar comigo mesma, reconhecer minha força. Hoje posso dizer que sou outra mulher, ou a mesma, que encontrou com sua verdadeira essência e talentos. Hoje sigo minha missão de vida no Amor, levando esperança e fé. Existe algo melhor e estamos aqui para evoluir e aprender, reconhecendo o Ser divino que somos ao compartilhar nosso conhecimento com o próximo.

Vou ensinar um exercício simples de visualização. Minha intenção é mostrar uma maneira simples de incorporar isso à sua vida e, com o passar do tempo, você perceberá as mudanças que essa conexão trará.

Visualizações com luzes – significado das cores

- **Branco**: Limpeza e Purificação

- **Amarelo**: Prosperidade, Disposição e Alegria
- **Verde**: Cura, Limpa energias estagnadas de seu corpo energético
- **Azul**: Poder de comunicação e proteção espiritual contra negatividade
- **Violeta**: Transmutação, limpeza e renovação energética
- **Rosa**: Amor Incondicional, Paz e Tranquilidade
- **Laranja**: Coragem, Disposição e Vitalidade
- **Vermelho**: Aterramento, Materialização e Vitalidade

Exercício com a chama violeta - limpeza energética

Um pouco antes de deitar à noite, feche os olhos e imagine um ponto de luz violeta descendo pelo topo de sua cabeça e preenchendo seu cérebro, olhos, ouvido, boca e nariz. Nesse momento, diga mentalmente ou verbalmente: *eu sou a visão perfeita, eu sou a audição perfeita, eu sou o dom da palavra, ouço e vejo tudo que necessito para minha evolução.* Continue visualizando essa luz descer pelo seu pescoço, desbloqueando as mágoas e tristezas provocadas pelas palavras que você deixou de falar no passado. Essa luz violeta desce até seu peito, braços, mãos, abdome, coxas, panturrilhas e pés. Você pode visualizar uma cachoeira com águas na cor violeta. Deixe sua imaginação fluir. Pratique durante 21 dias, coloque uma música suave. Você pode também acender uma vela violeta para praticar a visualização com os olhos abertos ou uma vela aromática de lavanda, que tem efeito calmante. Coloque ao lado de sua cama uma pedra de ametista, pois esses elementos facilitam sua conexão. Você pode fazer esse mesmo exercício com as outras cores. Amarelo, por exemplo, traz vitalidade e prosperidade. Visualize a cor que necessita e formule frases: *eu sou a prosperidade em todas as áreas de minha vida.* Mentalize a luz violeta primeiro para limpar as energias densas.

Banhos - momento de purificação, limpeza e relaxamento

Muitos associam os banhos de ervas com a espiritualidade e religião. No entanto, o poder das plantas e ervas proporciona benefícios terapêuticos e energéticos para nossa saúde emocional, independente da sua religião. O momento do preparo do banho pode ser ritualístico ou não. Coloque uma vela e uma música enquanto prepara seu banho, ou então apenas agradeça aos elementos da natureza, a água, as ervas e as flores. Isso é estar em contato com sua essência. É a conexão entre você e a natureza. Aproveite esse momento também para visualizar a cor violeta na água te banhando e purificando, trazendo a transmutação de sentimentos. Peça que essa água te purifique. Com a prática, isso se torna natural e você vai perceber a harmonia que a visualização de luzes trará para sua vida.

Lembre-se de que, durante o preparo dos banhos, é muito importante que você potencialize com sua força mental e seus desejos de coisas boas.

Receitas de banho

Limpeza energética

Indicação: cansaço, insônia, peso no corpo, pensamentos negativos.

Ferva 1 litro de água e adicione 3 galhos de arruda e 3 punhados de sal grosso ou fino. Deixe abafar durante 30 minutos ou mais. Esse banho deve ser feito à noite. Após seu banho normal, jogue do pescoço para baixo. Pode acrescentar água do chuveiro para aquecer. A arruda e o sal trazem o benefício de limpar a negatividade e o peso do corpo energético. Faça uma vez por semana.

Harmonizador

Indicação: traz tranquilidade para a mente cansada e com pensamentos repetitivos.

Ferva 1 litro de água e, quando borbulhar, coloque algumas folhas de hortelã e manjericão e deixe ferver por 1 minuto. Desligue e coloque pétalas de rosa branca (nunca ferva flores) e abafe. Tome seu banho normal e, em seguida, jogue esse banho na sua cabeça e por todo o corpo. Pode ser coado ou não. Eu prefiro com as ervas.

Amor

Indicação: fortalecer seu amor-próprio e atrativo.

Acenda uma vela rosa e uma azul (elas representam o feminino e o masculino) e, ao lado, coloque 4 rosas vermelhas. Ferva 1 litro de água e, quando borbulhar, desligue e coloque meio litro de vinho tinto doce. Acrescente ao banho duas rosas (as pétalas), coloque sete borrifadas de seu perfume predileto e duas pitadas de canela. Quando colocar a primeira pitada, pense em você. Quando colocar a segunda, peça seu amor ideal, não direcione a outras pessoas, peça por seu amor-próprio e autoestima. Faça na lua nova ou crescente, em uma sexta-feira, ou no dia que sentir necessidade. Jogue do pescoço para baixo, recolha as pétalas e jogue no lixo, as outras rosas deixe decorando seu quarto. Se não puder acender vela, não tem problema. Pode também colocar uma vela aromática de rosas vermelhas.

Hoje enxergo meu trabalho como um leque com várias possibilidades. Posso atender pessoas diferentes, levando o que tenho de melhor com amor e verdade! Pratique, conecte-se com a luz que sempre esteve com você. Desejo acrescentar algo de novo e positivo na sua vida. Não fuja de sua Missão de Vida, não espere algo do outro, seja você seu melhor amigo. Coloque amor em tudo o que você faz, reconheça quem você é de verdade! Não julgue e não se preocupe com o julgamento dos outros! Dance, medite, ore, cante, estude, faça exercícios físicos, cuide de sua alimentação. Atitudes simples limpam as camadas de energias densas que impedem o fluir de sua vida de maneira leve e feliz. Você tem tudo o que precisa! AME-SE!

15

MAPEAMENTO COMPORTAMENTAL: IMPORTÂNCIA NO MUNDO CORPORATIVO

Neste capítulo, ressalto a importância de aplicar uma ferramenta que mapeie os perfis de uma empresa desde a contratação ao remanejamento de funções, de acordo com as competências de cada colaborador, a fim de melhorar a produtividade e a comunicação de todos, facilitando o trabalho de líderes, gestores e empresários na preparação de grandes talentos profissionais.

RAFAEL ZANDONÁ

Rafael Zandoná

Professor da Fatec. Consultor empresarial e treinador de analista comportamental DISC Assessment Profiler licenciado da Solides. Autor dos livros *Mapeamento comportamental: métodos e aplicações* e *Mapeamento comportamental vol. 2*; coautor de outros dois livros. Formado em Gestão de Produção, Coaching, Leader Coach, Coach Pessoal e Profissional, PNL e Hipnose pelo Instituto Coaching SP. Cursos técnicos: Consultor Alavancar (Maurício Chiecco); Alavancagem Empresarial (Dr. Vendas); SENAI e programador CNC, Alavancagem Tecnológica, Administração de Equipes no SEBRAE e Engenharia. Líder e responsável pelo desenvolvimento de projetos, melhorias, setup e processos de gestão em produção por mais de 12 anos.

Contatos
www.rafaelzandona.com.br
contato@rafaelzandona.com.br
Instagram @rafaellzandona
11 99811-7974

Um mundo totalmente novo tende a surgir, motivado pela crise do novo coronavírus. Um "novo normal", com muitas exigências e protocolos. Empreendedores e empresários precisaram alterar seus meios de atuação em tempo recorde – realizaram, em noventa dias, mudanças que ocorreriam ao longo de cinco anos em situações normais. Não por acaso, há um ambiente de dúvida sobre a permanência dessas mudanças e como elas afetarão as relações no ambiente empresarial.

O mapeamento comportamental não é uma ferramenta recente. Desde a Antiguidade, há indícios de estudiosos que buscavam compreender melhor o comportamento dos indivíduos e as relações sociais. Assim, ao longo dos séculos, alguns padrões de comportamento foram observados, o que nos permite hoje analisar os indivíduos de acordo com perfis – cada indivíduo tem traços mais ou menos marcantes de personalidade.

Atualmente, pode-se submeter o sujeito a variados tipos de teste, o que nos fornece uma gama de informações sobre seu estado atual, bem como suas virtudes e fraquezas.

Durante muito tempo, esses testes foram utilizados no ambiente empresarial para identificar as competências dos colaboradores, sendo muito restritos às habilidades a serem desenvolvidas no âmbito do trabalho. No entanto, o que se percebeu é que eles têm um poder muito maior: são ferramentas muito poderosas de autoconhecimento e de autodesenvolvimento para qualquer pessoa, independentemente de estar num ambiente corporativo. Consequentemente, hoje esses testes são cada vez mais utilizados por todos os que querem se autoconhecer e se desenvolver.

Citarei a ferramenta de perfil comportamental *Solides,* que tem como base a metodologia DISC, com validações pelas faculdades USP-SP, UFMG e pelo instituto de tecnologia FINEP. Com uma exatidão de quase 98% e mais de 50 características, a testagem gera aproximadamente 22 páginas de resultados, sendo possível descobrir seus pontos mais fortes e a serem desenvolvidos de acordo com seus objetivos e metas. A ferramenta reconhece quatro tipos de perfis: Comunicador, Executor, Planejador e Analista, os quais podem ser definidos como único, duplo ou triplo – variando de acordo com cada um. Assim, facilitam o reconhecimento da melhor área de trabalho, principais competências e o estilo de liderança. Entre os índices mais importantes, está o que demonstra o nível de energia (disposição, ânimo, motivação) e sua entrega em tudo o que faz. Outros elementos são analisados, como autoaprovação, autoestima, o modo como o ambiente influencia os resultados do colaborador, o quanto a pessoa se sente pressionada e como isso a afeta, qual a sua flexibilidade consigo mesma e com os outros que estão ao seu redor, qual o nível de dominância, influência, estabilidade e de conformidade uma pessoa possui, entre dezenas de outras informações. O momento mais importante e profundo é quando todas essas informações são interpretadas na vida de uma pessoa, o que pode explicar muitas de suas dores e dificuldades, trazendo clareza para seu propósito.

    Fazer uma análise de perfil exige do profissional verificar os mínimos detalhes dos resultados obtidos e relacioná-los entre si. Perguntas simples para entender se o cliente está passando por momentos de estresse podem ser bastante esclarecedoras, gerando um alerta de possível incoerência pela possibilidade de existir uma zona de pressão no trabalho ou em casa – o que pode alterar o comportamento do colaborador. Da mesma forma, respostas conflitantes podem servir para uma análise mais aprofundada da personalidade do indivíduo.

    O cérebro humano é incrivelmente complexo, alternando pensamentos e ações em milésimos de segundos. Cada perfil age no seu ponto de pressão ou conforto, podendo ser independente no caso dos perfis que estiverem com mais de 25% de predominância; em conjunto, quando estão muito próximos um do outro, ou sobrepondo os demais quando submetido à pressão, no caso do perfil com maior porcentagem. Já imaginou como seria se todos que conhecemos tivessem informações mais aprofundadas de seus perfis e soubessem as características que podem ajudá-los em determinadas situações e evitar as que podem atrapalhar? A vida poderia ser vista de uma forma muito mais leve, tranquila e intensa, de modo que cada dia seria o melhor da sua vida. Muitos dizem que só se morre uma vez, eu prefiro dizer que só se vive uma vez. Cada dia é o momento de viver com abundância para realizar tudo que se pode, alcançar e projetar o que estiver por vir, no momento certo para se viver. Ao final de João 10:10 está escrito "eu vim para que tenham vida e vida em abundância". E em Oseias 4:6: "o meu povo sofre por falta de conhecimento". Ser abundante não está ligado à riqueza, e sim à forma que se vive e pensa em relação a si. Uma vez que você se conhece, a nível comportamental aprofundado, é possível melhorar ou mudar.

Como o principal foco dessa metodologia é trabalhar com empresas, vou explicar alguns pontos importantes para solucionar conflitos e melhorar tanto os relacionamentos quanto a produtividade da equipe – o que não impede que isso seja aplicado em nível individual. O início de qualquer projeto é conhecer a fundo o perfil de cada colaborador e dos líderes. É claro que o cotidiano e a convivência criam laços que fazem com que você passe a notar e absorver as particularidades de cada um – como grandes especialistas dizem, somos a média das cinco pessoas que mais convivemos. No entanto, não é sempre que se tem tempo para essa observação e, a depender do tamanho da sua empresa e da equipe envolvida, manter contato com cada colaborador não é apenas uma tarefa difícil, mas também muito complexa.

Há outras ferramentas que permitem que você analise o perfil de cada um dos colaboradores de forma rápida e ágil, sem a necessidade de paradas e interrupções. Uma das mais rápidas e eficientes leva em média sete minutos para obter todas as respostas contidas no teste a partir de um questionário disponibilizado por um sistema de Gestão Comportamental. É tudo feito on-line e, da mesma forma que a anterior, os colaboradores são divididos em quatro grupos: Comunicadores, Executores, Planejadores e Analistas. É uma ferramenta ideal para prever e planejar, apontando reações e posicionamentos que cada um deles tende a tomar em diversas circunstâncias, principalmente sob pressão. Você vai ter um leque de informações – ficarão evidentes os indivíduos que fazem a sua empresa funcionar, como também será possível notar os que impedem que ela mantenha seu movimento.

Para que isso funcione, o primeiro passo de uma reestruturação sempre começa com uma boa comunicação por parte dos líderes e gestores. É importante que os líderes tenham em mãos o resultado de sua própria análise comportamental, como também dos seus liderados, para que todas essas informações sejam transformadas em métodos e ações que serão aplicadas de modo eficiente. Os líderes e gestores da sua empresa precisam estar cientes de que essa é uma ferramenta para ser usada não apenas em intermináveis reuniões e discussões, mas também no cotidiano, na hora de dividir quem fará as tarefas, cobrar resultados da forma certa, orientar o pessoal de acordo com cada perfil para fazer e executar planos.

Não importa qual segmento ou área de atuação – o segredo da produtividade e dos resultados está no equilíbrio e combinação de talentos e competências entre as pessoas. Por isso, setores com colaboradores de perfis praticamente idênticos tendem a falhar no desenvolvimento de alguns tipos de tarefa pelo fato de utilizarem talentos e competências semelhantes, evidenciando a importância da diversidade dentro da empresa.

Um exemplo interessante são os colaboradores com perfil predominante Analista, que dificilmente comunicarão suas necessidades emocionais ou conquistas ao restante da empresa. São mais individualistas e focados nos processos, tendem a atuar melhor sozinhos e podem apresentar dificuldades para trabalhar em equipe. Por outro lado, ao passar por uma pressão de sua liderança, podem deixar de entregar tarefas com a velocidade necessária e ter dificuldades na hora de improvisar soluções, além de perder no quesito criatividade. Nas equipes em que a velocidade de execução é praticamente uma regra, analistas podem deixar passar detalhes importantes para atingir metas.

Cada uma das áreas da sua empresa pode contar com os pontos fortes de cada um dos perfis. Uma grande iniciativa é contar com treinamentos vivenciais e motivacionais em sua empresa. Permita que seus colaboradores tenham tempo para pensar em seus próprios objetivos e criar rotas de realização pessoal que caminhem juntamente com o sucesso do seu negócio. Lembre-se de que um colaborador feliz rende e produz muito mais que um desmotivado e triste. Em alguns casos, você vai precisar apenas abrir um espaço para que esses colaboradores possam mostrar suas competências e seus talentos. Em outras situações, talvez você tenha de intervir ou impulsionar, garantindo que as pessoas sejam ouvidas e tenham seus anseios e desejos atendidos dentro das suas limitações como líder, gestor ou empresário. Busque trazer palestras motivacionais, sessões de *coaching* individuais ou em grupo. Tudo isso reforça laços e cria um ambiente de lealdade – assim, seus colaboradores não produzirão apenas em troca de um salário, mas também por causa do conhecimento e das respostas que você oferece. Por outro lado, cuidado como irá propor essas estratégias. É importante que seus colaboradores entendam com clareza e transparência a ideia de que estão sendo observados e avaliados nos treinamentos. Evite ao máximo os "segredinhos" dentro da sua empresa – eles têm o poder de sabotar a produtividade e gerar climas de desconfiança dentro da equipe, gerando um efeito oposto ao resultado esperado. Confiança é o segredo de uma boa administração e, por mais eficiente que seja sua gestão, ela poderá ser minada caso seus colaboradores não compreendam e aceitem suas decisões.

Conhecendo e mapeando os perfis de cada um dentro da sua empresa, você começará a perceber que algumas pessoas simplesmente não se encaixam em suas funções atuais, podendo ser remanejadas para outras funções e tarefas com as quais têm mais afinidade. Muitas dessas pessoas jamais pararam para pensar sobre uma troca de posição ou simplesmente uma alteração nas descrições do seu cargo. Isso, por vezes, acontece por medo da mudança. É importante, nesse caso, que cada colaborador saiba sobre seu perfil e as razões pelas quais está sendo avaliado ou tendo suas funções remanejadas.

Não estou sugerindo que você troque as pessoas de cargo de modo aleatório – um recepcionista por administrador de contas a pagar, por exemplo. Você precisará analisar com cuidado a função, as rotinas de trabalho ou tarefas desempenhadas por cada colaborador, a experiência que ele tem na função e o nível de afinidade com o perfil comportamental apontado. É importante ressaltar, também, que há pessoas com grande produtividade, mesmo realizando algumas tarefas que contrariem seu perfil e área de talento. Por isso, é necessário reavaliar cada função junto ao profissional capacitado com muito cuidado, considerando seu perfil comportamental, mas também analisando o desempenho atual do colaborador nas tarefas que ele desempenha em sua rotina de trabalho.

O Projeto de Mapeamento de Perfil Comportamental não é uma ferramenta de vigilância dos seus colaboradores. O teste de Perfil Comportamental não pretende e não tem a função de mudar o perfil de cada um visando a adequação à função exercida, mas sim de criar possibilidades de melhoria para o profissional avaliado, sua equipe e toda a empresa. Se você quer contratar seguindo as funções e competências do cargo junto ao perfil da pessoa, sua equipe de Recursos Humanos poderá ser muito mais assertiva e rápida na hora de encontrar o profissional ideal. Além de aplicar testagens para identificação do perfil, é interessante criar uma rotina mensal ou trimestral de acompanhamento para cada um dos colaboradores, preferencialmente de uma forma individualizada. O profissional deverá ter acesso não apenas aos resultados do seu próprio teste, mas também aos dados avaliados após a realocação de suas funções, assim como as metas e objetivos propostos com a aplicação.

Referência

ZANDONÁ, R. *Mapeamento comportamental: métodos e aplicações*. São Paulo: Literare Books International, 2020.

16

O COMBATE AO ESTRESSE

Neste capítulo, apresento um treinamento de combate ao estresse que desenvolvi, baseado, principalmente, em técnicas de programação neurolinguística (PNL). Meu objetivo principal com essas informações é proporcionar ao leitor a oportunidade de aprender uma técnica transformadora, no sentido de atingir uma melhor qualidade de vida, com mais tranquilidade e otimizando melhor o seu tempo. Quando a pessoa consegue colocar em prática os passos do treinamento, atinge um melhor nível de autoconhecimento e aprende a trilhar um caminho para atingir seu propósito de vida, tornando-se mais realizada e feliz. Isto é importante principalmente nos tempos atuais, em que há muita competição e cobranças excessivas em vários setores da sociedade, o que tem levado muitas pessoas ao desequilíbrio da saúde, devido aos altos níveis de estresse que essas cobranças geram.

TERESA CRISTINA MUNIZ QUEIROZ

Teresa Cristina Muniz Queiroz

Médica graduada pela UFTM (Uberaba - MG) em 1995, com Residência Médica em Clínica Médica (também pela UFTM) desde 1997; especialização em Homeopatia (Sociedade Médica de Uberlândia - MG desde 2001; e em Medicina Integrativa (Uniube – Uberlândia/MG), concluída em 2018. Instrutora de Tai Chi Chuan formada pela Sociedade Brasileira de Tai Chi Chuan estilo Yang, em São Paulo - SP, em 2010. Terapeuta de Florais de Bach e de Saint Germain desde 2012. Terapeuta de EFT (Emotional Freedom Techniques) formada em 2015 pelo Centro de Treinamento EFT Oficial de Gary Craig & Sônia Novinsky. Formada em PPC Coaching pela Sociedade Brasileira de Coaching em 2015. Seu diferencial é a paixão pela profissão de médica, o que se traduz em sua disponibilidade para buscar o melhor caminho para a resolução dos problemas de saúde dos seus pacientes. Coautora do livro *Vida em equilíbrio*.

Contatos
tcryz2014@gmail.com
circuluzespacoterapeutico.com.br
Instagram: @circuluzespacoterapeutico
Facebook: @pensamentosatitudes / @teresacristinacoach
34 99961-2425

Introdução

Vivemos em uma época muito dinâmica, de muitas transformações proporcionadas pelas evoluções tecnológicas. Isso exige que todos nos esforcemos para acompanhar da melhor forma as modificações causadas por esse cenário. Por um lado, é uma situação interessante, no sentido de ser desafiadora e fazer com que queiramos nos superar e melhorar a cada dia, cada qual na sua função, na sua área profissional. Por outro lado, isso é o que tem causado problemas e desequilíbrios na sociedade: o estresse.

Mas, afinal, o que é o estresse? De acordo com a definição da Organização Mundial da Saúde (OMS), estresse é uma "Reação natural do organismo que ocorre quando vivenciamos situações de perigo ou ameaça. Esse mecanismo nos coloca em estado de alerta ou alarme, provocando alterações físicas e emocionais. A reação ao estresse é uma atitude biológica necessária para a adaptação às situações novas."

Foi o endocrinologista Hans Selye que utilizou pela primeira vez, em 1936, a palavra "estresse" com base em observações que vinha fazendo desde a década de 1920, quando passou a identificar sintomas semelhantes – hipertensão, falta de apetite, desânimo e fadiga – em pacientes que sofriam de diferentes doenças. Esses sintomas não decorriam de tais doenças e, muitas vezes, apareciam em pessoas que não estavam doentes. Isto chamou a atenção de Selye, que chamou tais sintomas de "síndrome de estar enfermo".

Como afirma Lipp (2000), o estresse é um desgaste geral do organismo causado pelas alterações psicofisiológicas que ocorrem quando a pessoa se vê forçada a enfrentar uma situação que, de um modo ou de outro, a irrite, amedronte, excite ou confunda, ou até mesmo que a faça imensamente infeliz. Infere-se, portanto, que estresse é um conjunto de reações do organismo – que o faz produzir substâncias com a finalidade de protegê-lo, frente às agressões de ordem física, psíquica ou infecciosa, capazes de perturbar o equilíbrio.

O treinamento

Desenvolvi um treinamento de combate ao estresse, com base em ferramentas de *coaching*, para ajudar pessoas nesse processo de melhora da qualidade de vida, por meio da redução dos efeitos nocivos do estresse em suas vidas. Esse treinamento se divide em três partes:

1. A necessidade de mudança.
2. A descoberta da sua missão de vida.
3. A gestão do tempo.

A necessidade de mudança

A vida é feita de escolhas. Se a sua vida não é satisfatória e você se sente frustrado, desanimado, com a sensação de que a vida não tem sentido – apenas assistindo aos dias se passarem na mesma rotina, às vezes com alguns momentos bons, às vezes outros momentos de tristeza e aborrecimento – você ficará satisfeito se conseguir uma grande mudança para melhor. Não uma mudança passageira, mas consistente, fruto de um aprendizado efetivo, que você possa utilizar para toda a vida. A força de vontade, aliada à determinação, são as primeiras atitudes para iniciar essa mudança. Sem essa atitude proativa, não há livro, treinamento ou curso que faça o milagre da mudança por você. Nesse momento, vamos fazer uma reflexão, por meio de respostas às perguntas do seguinte questionário – reserve um caderno para responder a todas as perguntas feitas aqui.

Questionário sobre estresse:

- Você se considera uma pessoa feliz? (Sim. Não. Por quê?)

Se você respondeu "não" à pergunta anterior, relate o que você acha que poderia modificar na sua vida para se sentir feliz e realizado, nas seguintes áreas da vida:

- Familiar.
- Pessoal.
- Relacionamentos com amigos e colegas.
- Profissional.
- Você acredita que pode conseguir mudar hábitos de vida, de forma suficiente para se sentir feliz e realizado? (Sim. Não. Por quê?)

- Como está a qualidade do seu sono? (Ótima. Muito boa. Boa. Regular. Ruim). Descreva suas noites de sono.
- Você acorda bem disposto, de bom humor ou acorda cansado e/ou com mau humor, e/ou com dores no corpo?
- Você se sente bem disposto nas suas atividades diárias, ou se sente desanimado e cansado?
- Você tem dores no corpo frequentes?
- Você pratica alguma atividade física? Qual? Com que frequência?
- Você mantém uma alimentação saudável? (Sim. Não. Por quê?)
- Você tem alguma doença crônica? (Sim. Não.)
- Você costuma sentir pressão no peito ou angústia com frequência?
- Você costuma ter um ou mais de um dos seguintes sintomas, com frequência: palpitações, tonteiras, sensação de desmaio, tremores no corpo, sensação de morte iminente?

Esse questionário nos dá a possibilidade de reflexão sobre:

- a responsabilidade de cada pessoa sobre a melhora de sua satisfação com a vida, indo ao encontro de mudanças específicas; e
- a presença de sinais e sintomas físicos e emocionais relacionados ao estresse.

Agora que fizemos essa reflexão inicial sobre a própria vida, está na hora de fazermos uma outra reflexão, mais específica, sobre qual objetivo de vida vamos escolher. Isso é importante para o direcionamento da vida, para que possamos seguir um caminho com convicção de que ele nos proporcionará paz de espírito, pois estará relacionado com nossos dons e talentos.

Qual é seu objetivo de vida?

A ferramenta SMART, que vou apresentar agora, funciona como uma ajuda prática para se determinar seu objetivo de vida.

Ferramenta SMART

- S (*specific*) específico: que seja exclusivo, especial, particular. Nesse item, determina-se qual seu objetivo principal.
- M (*measurable*) mensurável: que se possa medir, dimensionar, quantificar.

- A (*assignable*) alcançável: que seja possível, alcançável, realizável.
- R (*relevant*) relevante: que seja importante, que mereça atenção.
- T (*time based*) temporal: que tenha data, prazo definido para ser realizado.

Partindo do princípio de que devemos ter um objetivo específico para nosso trabalho de combate ao estresse, vou dar alguns exemplos de possíveis objetivos para esse fim: ter mais tempo livre com a família; ter mais tempo livre para cuidar da própria saúde; mudar de emprego; buscar uma melhora no relacionamento em família; melhorar o relacionamento no ambiente de trabalho. Isto depende da realidade de vida de cada pessoa.

Reflita sobre seu momento presente e determine: qual seu objetivo de vida principal? O que precisa mudar para melhor na sua vida? O que vai te ajudar a ser uma pessoa feliz e realizada?

Após essas reflexões, quando você determinar seus objetivos de vida, escreva no caderno quais são.

Descubra sua missão de vida

Ter uma missão de vida é essencial para que sua vida tenha mais sentido. O seu objetivo e sua missão de vida se constituem em motivações, indispensáveis para podermos seguir os passos desse método de combate ao estresse que proponho.

O que é missão de vida?

A missão de vida de uma pessoa se constitui em uma escolha de qual setor da vida a pessoa quer se dedicar, para se sentir realizada com o seu propósito de contribuir para o mundo ser melhor. É necessário que se conheça qual sua maior aptidão, para escolher a missão de vida. Exemplos de aptidões: ensino; dedicação aos estudos; facilidade para aprender música; pintura; escultura; dança; facilidade para conciliação e aconselhamentos; facilidade para cálculos. E assim por diante.

Questionário para reflexões sobre a missão de vida:

- Como seria sua vida se você encontrasse sua missão?
- Como você se sentiria se tivesse descoberto a missão de sua alma e se estivesse vivendo-a plenamente? Como seriam suas emoções?
- Como seriam as conversas com seus amigos sobre isso? Como seria seu sorriso?
- Como seria sua vida como um todo?

- Você se sentiria mais feliz?
- Sua saúde melhoraria?
- O que mais aconteceria com você?

Projete como você se sentiria, transforme todas essas respostas em um conjunto de imagens mentais, como se fossem o filme da sua nova vida. Comece a fazer visualizações diárias com o conteúdo dessas imagens, no mínimo três minutos, três vezes ao dia. Espante todos os pensamentos que lhe geram angústia. Pratique isto por cinco dias consecutivos. Esse período de cinco dias iniciais será importante para você entrar em contato com sua missão de vida e começar a fortalecê-la no seu interior. Essa prática vai disparar uma série de movimentos relevantes que lhe impulsionarão a novos feitos. Após essa prática, escreva qual é sua missão de vida. A partir do sexto dia, você pode continuar praticando uma vez por dia, por tempo indeterminado. Isto ajudará a fortalecer cada vez mais sua convicção interna sobre sua missão. É necessário haver comprometimento. Sem se comprometer, sem desenvolver uma disciplina perfeita na realização dos exercícios diários, você não viverá em sintonia com o que a sua alma quer que você viva. Agora, escreva no caderno qual a sua principal missão de vida.

A gestão do tempo

Agora que você já tem os motivos que te movem em direção a um caminho de mudança de antigos hábitos nocivos para novos hábitos, os quais serão indispensáveis para eliminar o estresse de sua vida e te levar a uma vida de felicidade e satisfação, vou te ensinar, nessa etapa, a organizar melhor seu tempo. A busca por uma vida sem estresse e, consequentemente, com mais alegria, harmonia e paz, é indispensável para que você aprenda a aproveitar melhor o seu tempo, por meio da distribuição mais adequada de suas tarefas e atividades ao longo das horas do dia. A diferença principal entre pessoas mais ou menos estressadas está na forma com que cada uma aproveita o recurso do tempo. Estudos mostram que a gestão do tempo estimula o cérebro a detectar e a aproveitar oportunidades. Ou seja: a gestão do tempo coloca você em um estado de prontidão para o sucesso. Ao aprender a gerir seu tempo com eficácia, você também irá:

- Produzir mais e melhor em menos tempo.
- Elevar sua performance, sua produtividade e sua qualidade de vida.

- Diminuir o estresse, a ansiedade e a tensão, e fazer tudo o que você sempre sonhou, mas não conseguiu realizar por falta de tempo.
- Parar de ser um escravo do relógio e assumir o controle de sua vida.

Gerir o tempo com eficácia significa produzir mais e melhor num prazo menor. É isso que você vai aprender neste treinamento. Nossas crenças influenciam a forma como usamos o nosso tempo. Pense um pouco: suas crenças sobre o tempo são positivas ou negativas? Para checá-las, complete essa frase: "Meu tempo é...". Agora responda: a crença expressa pela frase traz mais disposição para você encarar o seu dia a dia? Ou será que ela o deixa desanimado e ansioso? Para gerir o tempo com eficácia, comece analisando sua própria relação com o tempo.

O grande segredo dessa regra é a prática do foco. As pessoas devem ter bem claras e determinadas quais tarefas realizarão durante o tempo disponível ao longo do dia. Ao abrir demais seu leque de atividades diárias, você desperdiça sua energia. Sendo assim, a lei do foco significa que menos é mais. Dessa forma, é possível criar mais com menos: você rende mais quando se concentra em poucas atividades por dia, e uma atividade de cada vez, podendo se aprofundar mais e dedicar mais tempo a cada uma delas.

Quando você coloca em prática a gestão do tempo, consegue melhores resultados de forma mais rápida. Você consegue imaginar o resultado disso no emocional? Você terá muita satisfação pessoal vendo seus projetos, objetivos e planos serem realizados da melhor forma. Como resultado, haverá melhora de sua autoestima, diminuição da ansiedade e, consequentemente, do estresse.

Dicas para uma boa gestão do tempo

Há outros aspectos importantes que você deve observar, a fim de fazer o seu tempo render ao máximo.

São eles:

1. Feche os drenos: pequenas atividades que parecem não consumir muito tempo são verdadeiros drenos pelos quais seu tempo escoa. Uma pesquisa feita no Reino Unido pela consultoria Office Angels revelou que fofocas, navegar na internet e pausa prolongada para o café estão entre as atividades que mais geram desperdício de tempo nas empresas. O tempo médio gasto com essas e outras interrupções chega a somar 13 dias úteis por ano por pessoa, causando à organização um prejuízo anual de R$ 345 milhões.

Reflexão (escreva no caderno):

- Você já identificou os drenos que estão consumindo o seu tempo?
- O que você pode fazer para fechá-los?

2. Organize-se: quanto tempo você já perdeu procurando documentos que estavam fora do lugar? Ou tentando recuperar arquivos de computador dos quais você não tinha *backup*? Se você é do tipo que acumula papéis, documentos, relatórios e correspondência por tudo quanto é lado, saiba que isso tem um efeito direto na sua produtividade. Um ambiente bem organizado estimula sua capacidade de concentração. A desorganização, por outro lado, favorece a distração. A organização é um hábito que pode ser cultivado. Você não deve passar mais tempo organizando do que trabalhando, mas também não deve perder tempo por causa da bagunça.

Reflexão (escreva no caderno):
O que posso fazer na prática para me organizar melhor

- Em casa.
- No ambiente de trabalho.

3. Mantenha uma agenda: a agenda é um acessório importante para a gestão do tempo. Você pode usar o tipo que preferir: de papel ou eletrônica. Para montar uma agenda que realmente funcione, considere os seguintes aspectos:

- Não superestime o seu tempo. Montar uma agenda sobrecarregada demais é uma boa forma de sabotar seu planejamento. Seja realista. Não resuma demais as tarefas. Isso pode criar a ilusão de que elas despendem menos tempo do que de fato consomem.
- Confira na agenda o que foi feito e o que não foi. Se você deixou de fazer coisas devido à falta de tempo, talvez o seu dia não tenha sido bem planejado. Verifique o que pode ser feito para otimizar seu planejamento.

Reflexão (escreva no caderno):

- Você já tem o costume de usar agenda diariamente?

Se sim:

- A agenda te ajuda a se organizar melhor?
- Você se lembra de conferir diariamente as atividades relatadas na agenda?

4. Use o tempo emocional: você já parou para pensar quanto tempo você desperdiça quando se irrita com coisas insignificantes? Ou quando se entrega às preocupações em vez de agir para solucionar o problema? O descontrole emocional cria uma reação em cadeia. Quanto mais você se descontrola, mais perde tempo e produtividade, além de provocar o mesmo efeito nas pessoas ao seu redor. De acordo com o Princípio 90/10, 10% de sua vida está relacionado às coisas que acontecem com você. E quanto a isso, você não tem o menor controle. Mas os outros 90% estão relacionados à forma como você reage ao que acontece com você. Esses 90% são perfeitamente controláveis. Essa é uma ferramenta fundamental para a gestão eficaz do tempo. Não desperdice tempo irritando-se com os 10% que você não pode controlar. Em vez disso, ocupe-se com os 90% que estão sob seu controle. Se você está irritado e remoendo pensamentos negativos, pare imediatamente, respire fundo e conte até 10.

Depois, faça você mesmo as seguintes perguntas, e responda-as apenas na sua mente:

- O que eu ganho com isso?
- Será que não há uma forma melhor de ocupar o meu tempo?

Método de organização do tempo

Agora escreva no seu caderno a lista de todas as suas atividades costumeiras. Tudo o que você costuma fazer na sua rotina diária e que são atividades relevantes para serem organizadas durante o seu dia. Isto será importante para você se organizar melhor e atingir melhores resultados com esse treinamento. Exemplos: atividade laborativa (o trabalho remunerado que você realiza); atividade física regular; trabalho voluntário; *hobbie*; hábito de frequentar alguma cerimônia religiosa; estudos; compras básicas (supermercado, padaria, açougue etc.); namoro; encontro com amigos; momentos com a família; momentos a sós para oração/ meditação; cuidados com a administração da casa. Uma vez concluída essa etapa, classifique todas as atividades que você escreveu no papel em cada uma das categorias:

- **A.** Alto impacto – grande importância, com consequências altamente positivas. Quais são suas atividades diárias que lhe trazem grandes resultados para sua vida como um todo?
- **B.** Médio impacto – possuem importância, mas se não forem realizadas, trarão poucas consequências para a realização de seus objetivos. Quais tarefas são urgentes, mas exercem pouca influência na realização de seu objetivo? (São tarefas que, usualmente, trazem consequências para outras pessoas.)
- **C.** Baixo impacto – seria bom, mas com pouca consequência. Quais tarefas não possuem importância, não são urgentes e trazem poucas consequências imediatas para a realização do seu sonho?
- **D.** Delegáveis – quais tarefas você poderia delegar para outra pessoa fazer?
- **E.** Elimináveis – onde você acha que desperdiça seu tempo? O que você faz que lhe traz conforto, mas não tem impacto em sua vida?

Pronto! As atividades elimináveis já estão eliminadas! As delegáveis, você deve decidir para quem irá delegar. As outras atividades, você irá determinar horários para realizá-las ao longo da semana.

Separe, no caderno, uma folha para cada dia da semana e escreva no alto da folha, como título, o dia da semana. Agora, escolha as atividades que fará em cada dia da semana, e distribua-as em horários fixos ao longo do dia. Comece pela segunda-feira e concentre-se para distribuir suas atividades ao longo do dia. Quando acabar, dedique uma folha para fazer a distribuição das tarefas pela terça-feira e assim por diante, até o domingo.

Você pode estar se perguntando: até no fim de semana tenho de organizar minhas tarefas? Sim! Isto irá facilitar a organização da sua vida, até para que você aproveite da melhor forma para relaxar com atividades prazerosas. Lembre-se: o tempo é igual para todos nós. Porém, se não tivermos objetivo de vida e organização, o tempo irá escoar como água pelo ralo, e a vida continua seguindo seu caminho. Então, você não acha que será mais feliz organizando seu tempo? Pense nisso: como você quer estar dentro de um ano? E dentro de cinco anos? Dez anos? Quinze anos? Vinte anos? Trinta anos?

Lembre-se: quanto mais planejamos e organizamos nosso tempo presente, mais felizes e satisfeitos seremos no futuro, sentindo aquela sensação de dever cumprido! Assim é que cumpriremos nossa missão de vida!